Ronald Wright

La Fin du progrès ?

Traduit de l'anglais (Canada)
par Marie-Cécile Brasseur

naïve

Pour ma mère,
Shirley Phyllis Wright

9, rue Victor-Massé – 75009 Paris
www.naive.fr
Titre original : *A Short History of Progress*

Publié avec l'accord de
Canongate Books Ltd, Édimbourg, Grande-Bretagne

ISBN : 2 35021 028 6
NL 037 / n° d'édition : 037
Dépôt légal : premier semestre 2006
Conception graphique : les Associés réunis, Paris

Autrefois [...]
Personne ne fendait le sol avec la charrue brutale
Et aucun arpenteur n'y traçait des limites.
Pas de mouvements de rames, qui s'enfoncent et soulèvent la mer :
Sa rive était pour le mortel la borne ultime.
Contre toi-même, nature humaine, tu as été des plus habiles
Et tu t'es trop bien ingéniée à te nuire :
À quoi t'a-t-il servi de ceindre les villes de murailles et de tours ?
À quoi t'a-t-il servi d'armer des mains rivales ?

OVIDE, *Amours,* Livre troisième Élégie 8.

REMERCIEMENTS

Merci à Bernie Lucht et à John Fraser pour leur appui.

À Martha Sharpe, chez Anansi, et à Philip Coulter, de la CBC, pour leur habile révision et leurs suggestions judicieuses.

À Richard Outram, à Farley Mowat, à Brian Brett et à Jonathan Bennett pour avoir eu la bonté de lire le manuscrit et pour les nombreux commentaires indispensables.

Et, comme toujours, à ma femme, Janice Boddy, pour sa lecture attentive et ses conseils pénétrants.

SOMMAIRE

I. LES QUESTIONS DE GAUGUIN

Le peintre et écrivain français Paul Gauguin – au dire de tous dément, méchant et de fréquentation dangereuse – souffrait intensément du vertige cosmologique provoqué par l'œuvre de Darwin et celle d'autres scientifiques de l'époque victorienne.

Dans les années 1890, Gauguin quitte Paris, sa famille et sa carrière de courtier pour aller peindre (et coucher avec) des jeunes femmes indigènes des tropiques. À l'instar de tant d'âmes troublées, il ne peut se fuir si facilement, malgré tous ses efforts et l'aide de l'alcool et de l'opium. À la base de son agitation est le désir de retrouver ce qu'il appelle le « sauvage », l'homme ou la femme primordial, l'humanité brute, l'insaisissable essence de notre espèce. Cette quête l'amène finalement à Tahiti et dans d'autres îles du Pacifique, où les traces du monde qui avait précédé l'implantation européenne – monde qui, à ses yeux, n'a pas déchu – persistent à l'ombre de la croix et du drapeau tricolore.

En 1897, un vapeur postal qui accoste à Tahiti apporte une terrible nouvelle. Aline, la fille préférée de Gauguin, est morte subitement de pneumonie. Après des mois de maladie, de misère et de désespoir suicidaire, l'artiste puise à même son chagrin pour produire un vaste tableau – conçu comme une fresque murale plutôt que comme une toile[1] – dans lequel, ainsi que le faisait toute l'époque victorienne, il revendique des réponses nouvelles à l'énigme de l'existence. Il trace à grands traits le titre sur l'image : ce sont trois questions d'enfant, simples mais profondes : *D'où venons-nous ? Que sommes-nous ? Où allons-nous ?*

L'œuvre est un panorama de formes énigmatiques évoluant dans un décor qui pourrait être les bosquets de la païenne Tahiti ou un Éden indiscipliné : des fidèles ou des dieux ; des chats, des oiseaux, une chèvre au repos ; une grande idole à l'expression sereine et dont les mains levées semblent désigner l'au-delà ; un personnage central cueillant des fruits ; une Ève, mère de l'humanité, représentée non pas en innocente figure de la volupté comme les autres femmes de l'œuvre de Gauguin, mais en mégère desséchée dont l'œil perçant évoque une momie péruvienne. Un autre personnage se tourne, étonné, vers un jeune couple humain qui, comme l'écrivait l'artiste, « ose envisager sa destinée [2] ».

La troisième question de Gauguin – où allons-nous ? – est celle dont je veux traiter dans ce livre. Il peut sembler impossible d'y répondre. Qui peut prédire le cours de l'humanité dans le temps ? Mais je pense que nous sommes en mesure de le faire, *grosso modo*, en répondant d'abord aux deux autres questions. Si nous voyons clairement ce que nous sommes et ce que nous avons fait, nous pouvons discerner les comportements humains qui ont persisté à travers époques et cultures. Ce savoir peut nous servir à prévoir ce que nous allons probablement faire, la direction que nous sommes susceptibles d'emprunter désormais.

Notre civilisation, qui résume et contient la plupart de celles qui l'ont précédée, est un grand vaisseau fonçant à toute vapeur vers l'avenir. Elle va plus vite, plus loin et porte une charge plus lourde qu'aucune des précédentes ne l'a jamais fait. Il n'est pas sûr que nous puissions parer à tous les écueils et à tous les dangers, mais si nous naviguons au compas et connaissons bien l'erre du navire, sa conception, ses capacités et les compétences de son équipage, nous pouvons, je pense, tracer une route sensée entre les récifs et les icebergs qui pointent à l'horizon.

Et je crois qu'il est impératif de le faire sans tarder, parce qu'il y a derrière nous trop d'épaves. Le vaisseau à bord duquel nous sommes n'est pas simplement le plus grand de tous les temps ; c'est le seul que nous ayons. L'avenir de tout ce que nous avons accompli depuis qu'a émergé notre intelligence dépendra de la sagesse de nos actions au cours des quelques prochaines années. Comme toute créature, les humains ont jusqu'ici procédé par tâtonnements pour se faire une place au soleil ; contrairement aux autres, cependant, nous occupons la terre dans des proportions si colossales que nous ne pouvons plus nous payer le luxe d'errer gravement. Le monde est devenu trop petit pour nous le pardonner.

En dépit de certains événements survenus au cours du XXe siècle, la plupart des représentants de la tradition culturelle occidentale continuent de croire en l'idéal victorien du progrès, une croyance succinctement définie par l'historien Sidney Pollard en 1968 comme « l'hypothèse que l'histoire de l'humanité évolue suivant un modèle [...], que ce modèle consiste en changements irréversibles dans une seule direction, et que cette direction est toujours positive[3] ». L'apparition même sur terre de créatures capables de concevoir semblable pensée porte à croire que le progrès est une loi de la nature : le mammifère est plus vif que le reptile, le singe plus subtil que le bœuf, et l'homme le plus doué de tous. Notre culture technologique mesure le progrès humain à l'aune de la technologie : le bâton vaut mieux que le poing, la flèche que le bâton et la balle que la flèche. Nous en sommes venus à cette croyance pour des raisons empiriques : parce que ça marchait.

Pollard signale que l'idée du progrès matériel est très récente – « importante seulement depuis ces trois derniers siècles environ[4] » –

et coïncide de près avec l'essor de la science et de l'industrie, et avec le déclin correspondant des croyances traditionnelles [5]. Nous accordons à peine une pensée au progrès moral, une préoccupation jadis primordiale, sauf pour présumer qu'il va de pair avec le progrès matériel. Nous tendons à croire que les gens civilisés non seulement ont meilleure odeur, mais se conduisent mieux que les barbares et les sauvages. Cette notion ne tient guère devant le tribunal de l'histoire, et j'y reviendrai au prochain chapitre, quand j'examinerai ce que l'on entend par « civilisation ».

Notre foi pragmatique dans le progrès s'est ramifiée et endurcie en une idéologie, une religion séculaire qui, à l'instar des religions que le progrès a remises en cause, est aveugle à ses propres failles. Le progrès est donc devenu un « mythe » au sens anthropologique. Je n'entends pas par là une croyance fausse ou peu convaincante. Les mythes qui ont du succès sont puissants et souvent partiellement vrais. Comme je l'ai écrit ailleurs, « qu'il soit réel ou imaginé, le mythe est un agencement du passé selon des motifs qui renforcent les valeurs et aspirations les plus profondes d'une culture. [...] Les mythes sont si lourds de sens que nous vivons et mourons en accord avec eux. Ce sont les cartes dont se servent les cultures pour naviguer dans le temps [6] ».

Le mythe du progrès nous a parfois bien servi – à ceux d'entre nous qui sont attablés aux meilleures places en tout cas – et pourrait continuer de le faire. Cependant, je soutiendrai dans ce livre qu'il est aussi devenu dangereux. Le progrès a une logique interne qui, au-delà de la raison, peut mener à la catastrophe. Le séduisant chemin du succès pourrait bien aboutir à une chausse-trappe.

Prenez les armes, par exemple. Depuis que les Chinois ont inventé la poudre à canon, l'art de faire boum a fait d'énormes progrès : du pétard au canon, de la pyrotechnique aux projectiles explosifs. Et juste au moment où les bombes à grande puissance touchaient à la perfection, le progrès a découvert le superboum nucléaire. Mais quand ce superboum que nous sommes capables de produire devient de taille à détruire notre monde, nous avons un peu trop progressé.

Plusieurs des scientifiques qui, dans les années 1940, ont mis au point la bombe atomique l'avaient compris. Ils dirent aux politiciens, entre autres, qu'il fallait détruire les nouvelles armes. « La puissance déchaînée de l'atome a tout changé, sauf nos modes de penser, écrivait Albert Einstein, et nous nous acheminons ainsi vers des catastrophes sans précédent. » Quelques années plus tard, le président Kennedy déclarait : « Si l'humanité ne met pas fin à la guerre, la guerre mettra fin à l'humanité. »

Quand j'étais enfant, dans les années 1950, le nuage noir de cet excessif progrès dans le domaine de l'armement – Hiroshima, Nagasaki, les îles vaporisées du Pacifique – s'était déjà déployé sur le monde. Il a obscurci notre vie pendant quelque soixante ans, et le sujet a fait couler tellement d'encre que je n'ai pas besoin d'en ajouter davantage [7]. Ce que je veux dire ici, c'est que la technologie de l'armement s'est simplement révélée être le premier secteur du progrès humain à atteindre l'impasse en menaçant de détruire la planète sur laquelle elle s'est développée.

À l'époque, ce piège du progrès était perçu comme une aberration. Dans d'autres domaines, y compris ceux de l'énergie nucléaire et des pesticides chimiques, la foi dans le progrès restait largement inébranlable. Une publicité des années 1950 montre une rayonnante « Mme 1970 » qui, ayant acheté la bonne marque d'aspirateur, pouvait à l'avance se réjouir de l'avenir. Chaque voiture de l'année avait une allure différente de celle de l'année précédente (surtout lorsqu'elle ne l'était pas). « Plus grosse, plus large, plus longue ! » chantaient en chœur les filles d'une ritournelle publicitaire, selon le slogan des fabricants d'automobiles de l'époque – qui comme ceux d'aujourd'hui – vendaient l'idée que : « Plus c'est gros, meilleur c'est. » Et les paysans se débarrassaient de la vermine à coups de généreux épandages de DDT dans ce qu'on a fini par appeler le tiers-monde, cette tapisserie effilochée de cultures non occidentales perçue comme une relique « arriérée », déchirée entre les superpuissances. Dans ses versions tant communiste que capitaliste, la grande promesse de la modernité était le progrès sans limite et sans fin.

L'effondrement de l'Union soviétique en a amené plus d'un à conclure que, tout compte fait, il n'y avait qu'une seule avenue menant au progrès. En 1992, Francis Fukuyama, ancien cadre du Département d'État américain, a déclaré que le capitalisme et la démocratie étaient la « fin » de l'histoire – non seulement sa destination, mais son but [8]. Les sceptiques ont signalé que le capitalisme et la démocratie ne faisaient pas nécessairement la paire, citant en exemple l'Allemagne nazie, la Chine moderne et l'archipel mondial des tyrannies de négriers. Pourtant, le triomphalisme naïf de Fukuyama a renforcé la conviction, surtout au sein de la droite politique, que ceux qui n'ont pas choisi la véritable voie du progrès devraient être conduits – forcés si nécessaire – à le faire pour leur propre bien. À cet égard, et vu les motifs égoïstes qu'elle cache, l'idéologie actuelle du progrès ressemble aux projets missionnaires des empires du passé, que ce soit l'Islam du XVIIe siècle, l'Espagne du XVIe ou la Grande-Bretagne du XIXe.

Depuis la fin de la guerre froide, nous avons tenu la menace nucléaire en échec, mais nous n'avons pas commencé à réparer l'irréparable. Pourtant, nous nous affairons à libérer d'autres forces prodigieuses – la cybernétique, la biotechnologie, la nanotechnologie –, dont nous espérons qu'elles seront de bons outils, mais dont nous ne pouvons prédire les conséquences.

La menace la plus pressante, toutefois, pourrait bien être la plus triviale : celle de nos propres déchets. Comme la plupart des problèmes en technologie, la pollution est une affaire d'échelle. La biosphère aurait peut-être pu tolérer nos deux bonnes vieilles cochonneries, le charbon et le pétrole, si on les avait brûlées graduellement. Mais combien de temps pourra-t-elle résister à une flambée de consommation si frénétique que la face cachée de la planète rougeoie comme un charbon ardent dans la nuit spatiale ?

Alexander Pope a dit, non sans snobisme, qu'un peu de savoir est une chose dangereuse ; plus tard, Thomas Huxley a posé la question : « Où est l'homme qui possède assez pour être à l'abri de tout danger »[9] ? La technologie crée l'accoutumance. Le progrès matériel entraîne des problèmes dont la solution exige, ou semble exiger, encore plus de progrès. De nouveau, le péril est une question d'échelle : un bon explosif peut avoir son utilité ; un trop bon explosif peut causer la fin du monde.

Jusqu'ici, j'ai présenté ces problèmes comme s'ils étaient purement modernes et issus de la technologie industrielle. S'il est vrai qu'un progrès de taille à détruire le monde est effectivement d'apparition récente, la pernicieuse question de l'échelle transformant les avantages en pièges nous harcèle depuis l'âge de pierre. Ce péril vit en nous et se manifeste chaque fois que nous prenons la nature de vitesse, renversant l'équilibre entre intelligence et imprudence, entre nécessité et cupidité.

Les chasseurs du paléolithique qui ont appris à tuer deux mammouths au lieu d'un avaient fait des progrès. Ceux qui ont appris à en tuer deux cents – en forçant tout un troupeau à se jeter au bas d'une falaise – en avaient fait bien trop. Ils ont mené grande vie pendant un moment, puis ce fut la famine.

Nombre des ruines grandioses qui décorent les déserts et les jungles de la terre sont des monuments aux pièges du progrès, ce sont les stèles funéraires de civilisations victimes de leur propre succès. Dans le destin de ces sociétés qui furent puissantes, brillantes et complexes se trouve pour nous la plus instructive des leçons. Leurs ruines sont des épaves jalonnant les écueils du progrès. Pour employer une analogie plus moderne, ce sont des débris d'avions de ligne dont la boîte noire peut nous apprendre ce qui a cloché. Je m'apprête à décoder ici le message de certaines de ces boîtes, dans l'espoir que nous puissions éviter de répéter les erreurs passées de conception, de plan de vol et de choix d'équipage. Bien sûr, les particularités de notre civilisation diffèrent de celles des précédentes, mais pas autant qu'on aime à le penser. Toutes les cultures, passées ou présentes, ont leur dynamique. Même les plus lentes à évoluer eurent, à la longue, leur parcours. Bien que chacune ait eu sa propre histoire événementielle, les tendances dans le temps se ressemblent de manière inquiétante, mais rassurante aussi. La constance de nos erreurs devrait nous alarmer, et en même temps nous rassurer puisque ces erreurs peuvent nous aider à comprendre ce qui nous attend aujourd'hui.

À l'exemple de Gauguin, nous préférons souvent penser au lointain passé comme à une époque innocente et naturelle, un temps de facilité et de simple abondance avant l'expulsion du paradis. Les mots « éden » et « paradis » reviennent à l'envi dans les titres d'ouvrages populaires sur l'anthropologie et sur l'histoire. Aux yeux de certains, l'Éden était le monde préagricole, l'âge de la chasse et de la cueillette ; pour d'autres, c'était le monde précolombien, les Amériques avant l'homme blanc ; et pour beaucoup, c'était le monde préindustriel, la longue immobilité avant la machine. À coup sûr, la vie a connu ses périodes fastes et néfastes, mais la vérité est que les humains ont été les artisans de leur propre chute – et l'ont été tant et plus depuis l'Éden – en souillant leur propre nid. Si nous voulons vivre dans un paradis terrestre, il nous incombe de lui donner forme, de le partager et d'en prendre soin.

En songeant à sa première question – d'où venons-nous ? –, Gauguin serait probablement tombé d'accord avec G. K. Chesterton : « Quoi qu'il puisse être par ailleurs, l'homme est une exception. [...] S'il n'est pas vrai qu'un être divin a déchu, alors tout ce qu'on peut dire c'est qu'un animal a complètement perdu la tête[10]. » Nous en savons maintenant bien plus sur ce processus long de cinq millions d'années qui a permis au singe de perdre la tête, de sorte qu'il est difficile de nos jours de recréer le choc ressenti dans le monde entier lorsque les implications de la théorie de l'évolution sont devenues explicites.

En 1600, Shakespeare faisait dire à Hamlet : « Quel chef-d'œuvre que l'homme ! Qu'il est noble dans sa raison ! Qu'il est infini dans ses facultés ! [...] par l'action, semblable à un ange ! par la pensée, semblable à un Dieu[11] ! » Son auditoire partageait sans doute le mélange d'émerveillement, de mépris et d'ironie devant la nature humaine exprimé par Hamlet. Mais rares devaient être ceux, s'il en était, doutant qu'ils fussent faits comme le leur enseignait la Bible : « Dieu dit : "Faisons l'homme à notre image, à notre ressemblance." »

Ils étaient prêts à passer outre les aspérités théologiques que posent le sexe, la race et la couleur. Dieu était-il noir ou blond ? Avait-il un nombril ? Et qu'en était-il du reste de son appareil physique ? De telles questions ne pouvaient soutenir une réflexion trop poussée. Notre parenté avec les singes, qui semble maintenant si évidente, était insoupçonnée ; les singes étaient vus (quand, en fait, on pouvait les voir, chose rarissime dans l'Europe de cette époque) comme une parodie de l'homme, non pas comme des cousins ou de possibles aïeux.

Pour autant qu'ils y aient pensé, la plupart des gens, en 1600, croyaient que ce que nous appelons maintenant la « méthode scientifique » ne ferait qu'ouvrir et illuminer la grande mécanique mise en place par la Providence, à mesure que Dieu jugerait bon de laisser les humains admirer son œuvre. Les idées troublantes de Galilée sur la structure des cieux étaient une bombe encore non explosée, non prouvée, non assimilée. (Hamlet souscrit toujours à l'univers d'avant Copernic, « ce dais splendide ».) L'inévitable collision entre foi spirituelle et preuve empirique était à peine entrevue. La plupart des véritables grosses surprises – l'âge de la terre, l'origine des animaux et de l'homme, la forme et l'échelle des cieux – restaient à venir. La majorité des gens, en 1600, étaient bien plus alarmés par les prêtres et les sorcières que par les philosophes de la nature, encore que la démarcation entre ces trois-là fût souvent brouillée.

À partir de la définition biblique de l'homme et du principe plein de bon sens voulant que ce qui se ressemble s'assemble, Hamlet croit savoir ce qu'est un être humain, et, pendant deux cents ans encore, la plupart des Occidentaux ont continué de penser qu'ils savaient ce qu'ils étaient. Le problème du doute rationnel sur la question de nos origines ne s'est pas installé avant le XIXe siècle, lorsque les géologues ont réalisé que la chronologie de la Bible ne pouvait expliquer l'ancienneté qu'ils lisaient dans la roche, les fossiles et les sédiments. Certaines civilisations, notamment celles des Mayas et des Hindous, présumaient que le temps était vaste ou infini, mais la nôtre a toujours entretenu une notion étriquée de la portée du temps. « Le pauvre monde a presque six mille ans », s'exclame Rosalind dans *Comme il vous plaira*[12], estimation typique dérivée des biographies de patriarches, des généalogies bibliques et autres indices glanés dans l'Ancien Testament. Un demi-siècle après l'exclamation de Rosalind, l'archevêque Ussher d'Armagh et son contemporain John Lightfoot se donnèrent pour mission de déterminer précisément le moment même de la Création. « L'homme, déclare Lightfoot, a été créé par la Trinité le 23 octobre 4004 avant J.-C. à neuf heures du matin[13]. »

Tant de précision était une nouveauté, mais l'idée d'une terre jeune a toujours été essentielle à la vision judéo-chrétienne du temps, la notion téléologique d'un bref aller simple de la Création au Jugement dernier, d'Adam à la damnation éternelle. Newton et d'autres penseurs commencèrent à exprimer des doutes à cet égard pour des raisons théoriques, mais ils n'avaient ni preuves réelles ni moyens de tester leurs idées. Puis, dans les années 1830, alors que le jeune Charles Darwin faisait le tour du monde à bord du *Beagle*, Charles Lyell publia ses *Principes de géologie*, lesquels soutenaient que la Terre se transformait graduellement selon des processus toujours à l'œuvre et pourrait donc être aussi vieille que Newton l'avait proposé – quelque chose comme dix fois plus âgée que ne l'autorisait la Bible[14].

Sous le règne de la reine Victoria, notre planète prit un sérieux coup de vieux – des millions d'années par décennie, assez pour faire place au mécanisme évolutionniste de Darwin et à la collection croissante de reptiles géants et de fossiles humains qu'on déterrait un peu partout dans le monde et qu'on exposait dans South Kensington et au Crystal Palace[15].

En 1863, Lyell publiait un ouvrage intitulé *L'Ancienneté de l'homme prouvée par la géologie*, et, en 1871 (douze ans après la parution de son ouvrage *De l'origine des espèces*), Darwin publiait *De la descendance de l'homme*. Leurs idées furent diffusées par des vulgarisateurs enthousiastes, Thomas Huxley au premier chef, célèbre pour avoir déclaré à l'évêque Wilberforce dans un débat sur l'évolution qu'il préférait admettre avoir un singe pour ancêtre qu'être un ecclésiastique sans souci de la vérité[16]. Par conséquent, l'exclamation de Hamlet devint une question : « Qu'est-ce exactement qu'un homme ? » À l'instar des enfants qui, à un certain âge, ne sont plus convaincus d'être venus au monde par les bons soins d'une cigogne, un public nouvellement éduqué a commencé à douter de l'ancienne mythologie.

Au moment où Gauguin peignait son chef-d'œuvre, à la fin du siècle, les deux premières de ses questions obtenaient des réponses concrètes. Sa compatriote Mme Curie et d'autres chercheurs s'intéressant à la radioactivité découvraient les chronomètres de la nature : des éléments de la roche qui se décomposent à un rythme mesurable. Dès 1907, les physiciens Boltwood et Rutherford pouvaient démontrer que l'âge du globe s'estimait non pas en millions mais en milliards d'années [17]. L'archéologie a montré que le genre *Homo* était venu sur le tard, même parmi les mammifères, prenant forme bien après que les premiers cochons, chats et éléphants eurent entrepris de parcourir la terre ferme (ou, dans le cas des baleines, eurent abandonné la marche pour la natation). « L'homme, écrit H. G. Wells, n'est qu'un parvenu [18]. »

Ce qui est extraordinaire au sujet du développement de l'homme – la seule chose importante qui nous démarque des autres créatures –, c'est que nous avons « influencé » l'évolution naturelle en mettant au point des cultures transmissibles par la parole d'une génération à la suivante. « La parole humaine, écrit Northrop Frye dans un autre contexte, est le pouvoir qui met de l'ordre dans notre chaos [19]. » L'effet de ce pouvoir était sans précédent, car il a permis l'apparition d'outils et d'armes complexes, de comportements élaborés et planifiés. Même très simple, la technologie allait avoir d'énormes conséquences. Les vêtements et la construction d'abris, par exemple, nous ont donné accès à tous les climats, des tropiques à la toundra. Nous avons dépassé le milieu qui nous avait faits et avons entrepris de nous faire *nous-mêmes*.

Bien que nous soyons devenus des cobayes de notre propre conception, il importe de se rappeler que nous n'avions pas la moindre idée du processus, encore bien moins de ses conséquences, avant les six ou sept dernières de nos cent mille générations. Nous avons agi tout ce temps en somnambules. Dame Nature a laissé entrer quelques singes dans le laboratoire de l'évolution, a mis la lumière, et les a laissés jouer avec une provision toujours plus grande d'ingrédients et de procédés. Depuis ce temps, les effets s'en accumulent sur notre espèce et sur le monde entier. Énumérons quelques-unes des étapes entre le lointain passé et le présent : pierres taillées, peaux de bêtes, outils d'os et de bois, feux de brousse, feux maîtrisés, graines comestibles, graines de semence, maisons, villages, poteries, villes, métaux, roue, explosifs. Ce qui nous frappe avec le plus de force, c'est l'accélération, la progression emballée du changement – ou, pour l'exprimer en d'autres termes, le téléscopage du temps. Il a fallu près de trois millions d'années pour passer de la première pierre taillée à la première fusion du fer ; trois mille ans seulement ont séparé la première forge de la bombe à hydrogène.

L'âge de la pierre taillée, ou paléolithique, a duré de l'apparition des hominidés fabricants d'outils, il y a près de trois millions d'années, jusqu'à la fin du dernier âge glaciaire, il y a environ douze mille ans, ce qui couvre plus de 99,5 % de l'existence de l'espèce humaine. Pendant presque tout ce temps, le rythme du changement était si lent que d'entières cultures (révélées surtout par leur arsenal d'outils de pierre) se sont perpétuées, génération après génération, de manière presque identique pendant des durées stupéfiantes. La mise au point d'un nouveau style ou d'une nouvelle technique pouvait prendre jusqu'à cent mille ans ; puis cela ne prit que dix mille ans lorsqu'une culture a commencé à se ramifier et à se nourrir à sa propre source ; puis cela se réduisit à quelques milliers ou quelques centaines d'années. Le changement culturel engendra le changement physique et *vice versa*, créant une boucle de rétroaction.

Nous en sommes maintenant au point où les savoir-faire et les mœurs acquis dans l'enfance sont devenus obsolètes dès que nous franchissons le cap de la trentaine, et peu de gens âgés de plus de cinquante ans, quels que soient leurs efforts, sont capables de suivre le rythme d'évolution de leur culture – qu'il s'agisse de l'idiome, des attitudes, des goûts ou de la technologie. Mais j'anticipe. La plupart des gens vivant à l'âge de la pierre taillée n'auraient pas remarqué quelque changement culturel que ce soit. Le monde humain dans lequel pénétrait un individu à la naissance était le même que celui qu'il quittait à sa mort. Bien entendu, les événements variaient – festins, famines, triomphes et désastres locaux –, mais les usages au sein de chaque société ont dû paraître immuables. Il n'y avait qu'une seule façon de faire, une seule mythologie, un seul vocabulaire, un seul corps de récits : les choses étaient tout simplement comme elles étaient.

Il est possible d'imaginer des exceptions à ce que je viens de dire. La génération qui a vu pour la première fois l'emploi du feu, par exemple, a peut-être effectivement réalisé que son monde venait de changer. Mais nous ne pouvons savoir avec certitude combien de temps il a fallu pour que se généralise même cette découverte prométhéenne. Il est probable que le feu issu d'incendies de forêt ou d'activité volcanique a été utilisé bien avant d'être conservé. Et il a été pendant bien longtemps conservé avant que quelqu'un ne découvre qu'on pouvait l'allumer. On se rappelle la scène du film *La Guerre du feu*, de 1981, où la silhouette agile de Rae Dawn Chong détale dans le plus simple appareil, simplement vêtue d'une mince couche de boue et de cendre. Le film est tiré d'un roman publié en 1911 par l'écrivain belge J. H. Rosny[20]. Encore plus que le film, le livre de

Rosny aîné étudie la lutte mortelle que se livrent divers groupes humains pour monopoliser le feu, tout comme des nations modernes tentent de monopoliser les armes nucléaires. Tout au long des centaines de siècles pendant lesquels nos ancêtres ont gardé la flamme sans savoir la produire, éteindre le feu de camp de son rival de l'âge glaciaire équivalait à l'assassinat collectif.

Il est difficile de dater le premier feu maîtrisé. Tout ce que nous savons, c'est que les humains utilisaient déjà le feu il y a au moins un demi-million d'années, peut-être même deux fois plus tôt [21]. C'était l'époque de l'*Homo erectus*, « l'homme à la station verticale », qui nous ressemblait assez à partir du cou vers le bas, mais dont la boîte crânienne n'avait qu'environ les deux tiers de la capacité moderne. Chez les anthropologues, le débat se poursuit quant à la première apparition de l'*Homo erectus* et le moment où il fut supplanté, ce qui revient en gros à définir les stades de son évolution. Les érudits sont encore plus divisés sur la question de savoir si l'*Homo erectus* était capable de penser ou de parler.

Les singes modernes, dont le cerveau est beaucoup plus petit que celui de l'*Homo erectus*, se servent d'outils simples, ont un savoir considérable sur les plantes médicinales et peuvent se reconnaître dans un miroir. Des études employant un langage non verbal (symboles informatiques, langage gestuel, etc.) montrent que les singes peuvent utiliser un vocabulaire de plusieurs centaines de « mots », quoiqu'il y ait désaccord sur ce que cette compétence nous apprend de la communication entre singes dans la nature. Une chose est certaine, cependant : différents groupes de la même espèce, par exemple les chimpanzés de régions distinctes de l'Afrique, ont différentes habitudes et traditions, qu'ils transmettent aux jeunes exactement comme le font les groupes humains. Bref, les singes possèdent une amorce de culture, comme en ont d'autres créatures intelligentes telles que les baleines, les éléphants et certains oiseaux, mais aucune autre espèce que l'espèce humaine n'a atteint le point où la culture devient la force motrice d'une poussée de l'évolution, dépassant des contraintes environnementales et physiques.

La lignée joignant l'homme au singe s'est scindée il y a quelque cinq millions d'années et, comme je l'ai mentionné, les hominidés qui fabriquaient de rudimentaires outils de pierre sont apparus environ deux millions d'années plus tard. Il serait donc ridicule de sous-estimer les compétences de l'*Homo erectus*, qui, alors qu'il réchauffait la corne de ses pieds à son feu de camp il y a un demi-million d'années, avait parcouru les neuf dixièmes du chemin qui nous sépare du singe ancestral. Le feu ayant été dompté, les premiers pics apparurent dans la courbe démographique des populations humaines. De toute évidence, le feu allait faciliter la vie dans de nombreux milieux. Il tempérait les cavernes et faisait fuir les grands prédateurs. Cuire et fumer les aliments permettait d'augmenter largement les réserves de nourriture. Brûler les broussailles favorisait la croissance des graminées et ainsi le développement du gibier. Il est maintenant admis que nombre des espaces prétendument naturels habités jusqu'aux époques historiques par les chasseurs-cueilleurs, les Prairies nord-américaines et l'intérieur du continent australien, par exemple, ont été façonnés par des incendies allumés délibérément [22]. « L'homme, écrit le grand écrivain et anthropologue Loren Eiseley, est lui-même une flamme. Il a brûlé le monde animal de part en part et s'en est approprié les vastes réserves de protéines [23]. »

Le dernier grand développement sur lequel les experts s'entendent est que l'*Homo erectus* est apparu en Afrique, foyer de tous les hominidés, et qu'il y a un million d'années il vivait dans les zones tempérées et tropicales de l'Ancien Monde, soit la masse terrestre contiguë de l'Eurasie. Cela ne veut pas dire que l'homme à la station verticale pullulait, même après qu'il eut maté le feu. Il se peut que moins de cent mille personnes, dispersées en clans familiaux, aient constitué tout ce qui séparait de l'échec, en termes d'évolution, les six milliards d'entre nous qui peuplent la terre aujourd'hui [24].

Après l'*Homo erectus*, la piste de l'évolution se brouille, des tribus rivales d'anthropologues l'ayant transformée en bourbier. Un camp, celui de l'hypothèse dite « multirégionale », pense que l'*Homo erectus* a évolué par à-coups, là où il se trouvait jusqu'à l'humanité moderne, par le biais de la diffusion génétique ou, en d'autres termes, par l'accouplement avec des étrangers. Ce point de vue semble bien concorder avec de nombreuses découvertes de fossiles, mais moins bien avec certaines des interprétations de l'ADN. L'autre camp, celui des tenants de l'« origine africaine », croit que la plupart des modifications dans l'évolution sont survenues sur le continent africain, puis ont débordé sur le reste du monde [25]. Selon ce second point de vue, des vagues successives d'humains nouveaux et améliorés ont éradiqué, ou en tout cas éliminé, la concurrence de leurs précurseurs là où ils les ont rencontrés, et ce jusqu'à ce que tous les individus au front bas aient disparu. Cette théorie implique que chaque nouvelle vague de l'homme africain était une espèce distincte, incapable de se reproduire avec les descendants de l'espèce précédente ; cela serait plausible si divers types avaient évolué sans contact pendant de longues périodes, mais cela devient moins vraisemblable sur de courtes périodes de temps [26].

Le débat quant au sentier suivi par le progrès humain devient nettement plus houleux lorsqu'il est question de notre cousin controversé, l'homme de Neandertal. Les Néandertaliens ont vécu surtout en Europe et dans le nord-ouest de l'Asie en des temps assez récents, bien en deçà de la vingtième partie du périple humain. Un Gauguin néandertalien décongelé par la fonte des glaces pourrait se réveiller en demandant : « D'où sommes-nous venus ? Qu'étions-nous ? Où sommes-nous allés ? » Les réponses dépendraient de la personne abordée. Les experts ne peuvent même pas s'entendre sur son nom scientifique.

En chiffres ronds, les Néandertaliens sont apparus il y a quelque cent trente mille ans et ont disparu environ cent mille ans plus tard. La date de leur « arrivée » est moins certaine que celle de leur départ, mais il semble qu'ils aient évolué à peu près en même temps que les premiers modèles de ce que l'on croit être notre espèce moderne, souvent appelée homme de Cro-Magnon du nom d'une grotte de la belle région de la Dordogne, dans le sud de la France, là où les découvertes de fossiles sont les plus riches au monde.

Depuis qu'on les a identifiés pour la première fois, les Néandertaliens ont été la cible de ce que j'appelle le « paléo-racisme », assimilés à de ridicules hommes des cavernes, dépeints comme une race de sous-hommes, les mains traînant par terre au bout de leurs longs bras. H. G. Wells les a appelés les « *Grisly Folk* » (« Jean-Sinistres ») et a fait des suppositions peu flatteuses sur ce à quoi ils pouvaient ressembler : « Une extrême abondance du système pileux, une laideur [...], une repoussante étrangeté du [...] front bas, des arcades sourcilières énormes, du cou simien, de sa petite taille [27]. » Nombreux sont ceux qui ont prétendu que les Néandertaliens étaient des cannibales, ce qui pourrait être vrai puisque nous le sommes aussi, les humains qui leur ont succédé ayant une longue histoire de cannibalisme jusqu'aux temps modernes [28].

Le premier squelette néandertalien a été découvert en 1856 dans une grotte d'une vallée près de Düsseldorf, en Allemagne. L'endroit avait été nommé d'après le compositeur Joachim Neumann, qui, non sans affectation, avait rendu son nom en grec par « Neander ». Transposé en anglais, le toponyme « Neandertal » donne « Newmandale* », terme en effet assez pertinent puisqu'un « nouvel homme » avait été découvert dans cette vallée, un nouvel homme âgé d'au moins trente mille ans. Non que l'antiquité de l'homme de Neandertal ait été immédiatement admise : les Français, notant l'épaisseur du crâne, avaient tendance à l'attribuer à un Allemand, alors que les Allemands disaient qu'il appartenait probablement à un Slave, un mercenaire cosaque réfugié dans cette caverne et qui y serait mort[29]. À peine trois ans plus tard, en 1859, se produisaient deux événements d'importance : Charles Darwin publiait *De l'origine des espèces*, et Charles Lyell, examinant les graviers de la Somme (qui, quelque soixante ans plus tard, allait devenir un sinistre abattoir humain), reconnaissait dans des silex ébréchés des armes de l'âge glaciaire.

Quand les scientifiques de l'époque eurent compris que le Néandertalien n'était pas un Cosaque, ils lui donnèrent le rôle tout neuf de « chaînon manquant », cette créature insaisissable franchissant d'un bond la page de l'évolution qui nous sépare du singe. Le Nouvel Homme devint l'homme du moment, celui qui « dans son mauvais silence et son mystère allait montrer [...] l'impensable : que les humains étaient des animaux[30] ». On présumait qu'il avait très peu, si ce n'est aucune, capacité de parole, qu'il courait comme un babouin et marchait sur la partie externe de la plante des pieds. Toutefois, cette vision fut infirmée à mesure que de nouveaux os étaient découverts et analysés. Les squelettes les plus « simiesques » se révélèrent être ceux d'individus souffrant d'arthrose osseuse, des infirmes gravement handicapés qui, de toute évidence, avaient été soutenus des

* *New* = nouveau, *man* = homme, *dale* = vallée. En allemand, Neandertal signifie « vallée de Neander », et le radical grec *neander* signifie en effet, comme *neumann*, « homme nouveau » (NdT).

années durant par leur communauté. Il s'avéra aussi que les « Jean-Sinistres » non seulement avaient pris soin de leurs malades, mais avaient été les premiers sur terre à enterrer leurs morts suivant des rites religieux – avec des fleurs, de l'ocre et des cornes d'animaux. Et qui plus est, ils avaient un cerveau plus gros que le nôtre. Après tout, l'*Homo neandertalensis* n'était peut-être pas une brute. Peut-être méritait-il d'être promu à une sous-espèce de l'homme moderne : *Homo sapiens neandertalensis*. Et si tel était le cas, les deux variantes auraient pu, par définition, se croiser[31].

Avant que les deux groupes ne commencent à rivaliser en Europe, les hommes de Cro-Magnon vivaient au sud de la Méditerranée, et les Néandertaliens au nord. Le Moyen-Orient était alors un carrefour, comme il l'est encore aujourd'hui. Des sites d'habitats montrent que cette région turbulente a été occupée et par les Néandertaliens et par les hommes de Cro-Magnon pendant environ cent mille ans. Nous ne pouvons dire si les deux groupes y ont jamais habité exactement à la même époque, encore moins s'ils ont partagé la « Terre sainte » en toute harmonie. Le plus vraisemblable est qu'ils avaient une sorte d'arrangement par période de jouissance, les Néandertaliens ayant quitté l'Europe pour aller vers le sud pendant les périodes particulièrement froides de l'âge glaciaire, et les hommes de Cro-Magnon ayant quitté l'Afrique pour migrer vers le nord lorsque le climat s'est réchauffé. Le plus intéressant est que, selon l'évidence archéologique, la culture matérielle des deux groupes est identique sur une période de plus de cinquante mille ans. Les archéologues ont du mal à dire si une caverne donnée a été occupée par des Néandertaliens ou par des hommes de Cro-Magnon, à moins d'y trouver à la fois ossements et outils. J'y vois une preuve convaincante que les deux groupes avaient des aptitudes mentales et linguistiques très similaires, et qu'aucun n'était plus primitif ou « moins évolué » que l'autre.

Comme on n'a encore découvert aucun échantillon de chair, de peau ou de cheveux néandertaliens, nous ne pouvons dire si ces gens étaient bruns ou blonds, poilus comme Ésaü ou imberbes comme Jacob. Nous n'en savons pas long non plus sur l'apparence physique des hommes de Cro-Magnon, bien que des études génétiques portent à croire que la plupart des Européens modernes en sont les descendants [32]. Nous ne connaissons ces populations que par le biais de leurs os. Les deux avaient à peu près la même taille, soit de cinq à six pieds*, et affichaient les variations habituelles entre les sexes. Mais l'un était bâti pour la vigueur, l'autre pour la vélocité. L'homme de Neandertal était trapu et musclé, comme un lutteur ou un haltérophile professionnel. L'homme de Cro-Magnon était plus mince et gracile, un athlète de piste plutôt qu'un culturiste. Il est difficile de savoir dans quelle mesure ces différences étaient innées et à quel point elles reflétaient l'habitat et le mode de vie. En 1939, l'anthropologue Carleton Coon a dessiné la reconstitution d'un Néandertalien lavé, rasé, portant complet et cravate, et coiffé d'un feutre mou. Un tel homme, notait Coon, pourrait passer inaperçu dans le métro de New York.

Comme l'indiquent de telles analogies, la palette de variations entre les squelettes des Néandertaliens et ceux des hommes de Cro-Magnon n'est guère plus large que l'éventail des humains modernes. Mis côte à côte, les restes osseux d'Arnold Schwarzenegger et de Woody Allen pourraient présenter un contraste similaire. Le crâne, cependant, est une autre affaire. Le Néandertalien dit « classique » (un terme plutôt trompeur, parce qu'il s'est construit sur la base des types les plus marqués) avait un crâne long et bas, avec une arcade sourcilière prononcée et une saillie osseuse sur la nuque, le « chignon » néandertalien. La mâchoire était robuste, les dents

* 1,50 m à 1,80 m (NdT).

solides et le menton arrondi, tandis que le nez était large et sans doute épaté. Au premier coup d'œil, la physionomie paraît archaïque, assez semblable à l'architecture de l'*Homo erectus*. Mais, comme je l'ai signalé, le cerveau du Néandertalien était en moyenne plus gros que celui de l'homme de Cro-Magnon. Le passager du métro dessiné par Coon avait peut-être le crâne épais, mais il n'était pas nécessairement obtus.

Ce à quoi cela se résume, je pense, c'est que les caractéristiques prétendument archaïques du Néandertalien n'étaient en fait que la superposition d'adaptations à un climat froid sur un cadre humain essentiellement moderne [33]. Le front haut des humains d'aujourd'hui peut se refroidir au point d'endommager le cerveau, et l'air glacial peut leur geler les poumons. Le cerveau du Néandertalien était protégé par une arcade sourcilière massive et une voûte crânienne basse mais spacieuse. L'air pénétrant dans ses poumons était réchauffé dans son grand nez, et tout son visage était mieux irrigué. Les gens trapus et musclés ne perdent pas leur chaleur corporelle aussi rapidement que les minces. Des signes d'une adaptation semblable (du moins en ce qui concerne la forme du corps) se retrouvent chez les Inuits, les Indiens des Andes et les Himalayens modernes, et ce après seulement quelques milliers d'années de vie dans un froid intense, par comparaison aux cent mille ans pendant lesquels les Néandertaliens d'Europe ont campé sur la ligne de front de l'âge glaciaire.

Les choses semblent s'être assez bien passées pour eux jusqu'à ce que les hommes de Cro-Magnon quittent le Moyen-Orient pour aller vers le nord et l'ouest, il y a environ quarante mille ans. Jusqu'alors, le froid avait été le grand allié des Néandertaliens, repoussant tôt ou tard tout envahisseur, comme le fit l'hiver russe. Mais cette fois-là, les hommes de Cro-Magnon étaient venus pour rester. L'invasion semble avoir coïncidé avec l'instabilité climatique liée aux revirements soudains des courants océaniques, entraînant gels et dégels de l'Atlantique Nord au cours de bouleversements étalés sur à peine une décennie [34]. Des changements si marqués – aussi graves que les pires prédictions actuelles quant au réchauffement du globe – ont sûrement dévasté les groupements animaux et végétaux dont dépendaient les Néandertaliens. Nous savons qu'ils consommaient beaucoup de gros gibier et qu'ils pratiquaient une chasse par embuscade ; certaines de leurs fractures osseuses ressemblent à celles des cow-boys de rodéo et montrent qu'ils s'approchaient de l'animal pour l'abattre. Et nous savons qu'ils n'étaient pas habituellement nomades, puisqu'ils occupaient les mêmes grottes et vallées toute l'année. L'espèce humaine en général a été comparée aux « mauvaises herbes » qui s'épanouissent dans des milieux perturbés, mais les Néandertaliens étaient le plus enraciné des deux groupes. Les hommes de Cro-Magnon, eux, furent la bruyère envahissante. Bien sûr, le changement climatique a dû rendre la vie difficile à tous, mais les conditions instables ont peut-être donné un avantage à ceux dont le physique était moins spécialisé, plus faibles au combat rapproché, mais plus rapides sur leurs jambes.

Je me rappelle une bande dessinée de mon enfance – je pense que c'était dans la revue *Punch* – montrant, debout sur une falaise, trois ou quatre gosses néandertaliens harcelant leur père : « Papa, papa, est-ce qu'on va aller jeter des cailloux aux hommes de Cro-Magnon aujourd'hui ? » Pendant quelque dix millénaires, de 40 000 à 30 000 ans avant nos jours, les Néandertaliens tardifs et les Cro-Magnon primitifs se sont probablement battus à coups de pierres, pour ne rien dire des feux de camp éteints, du gibier volé et peut-être du rapt de femmes et d'enfants. À l'issue de cette lutte, dont on ne saurait imaginer la durée, l'Europe et le monde entier sont restés aux mains de notre type humain, et le Néandertalien classique a disparu. Mais qu'est-il arrivé en réalité ? La lignée des

Néandertaliens s'est-elle éteinte ou a-t-elle jusqu'à un certain point été assimilée ?

Cette bataille longue de dix mille ans s'est déroulée si graduellement qu'elle a pu n'être qu'à peine perceptible, une guerre intermittente et floue, perdue et gagnée à raison de quelques kilomètres de territoire par génération. Et pourtant, comme toutes les guerres, celle-là a suscité l'innovation. De nouveaux outils et de nouvelles armes sont apparus, de nouveaux vêtements et rituels aussi, et les débuts de l'art pariétal – une forme d'art qui allait atteindre son apogée pendant la dernière grande aventure de l'âge glaciaire, après que les Néandertaliens classiques eurent disparu. Nous savons aussi que le contact culturel s'est fait dans les deux sens. Les sites néandertaliens tardifs, en France, montrent des changements et adaptations survenus à un rythme sans précédent [35]. Ainsi, vers la fin, les implications de la guerre ont dû se faire atrocement évidentes. Il semble que les dernières bandes de Néandertaliens aient résisté dans les montagnes d'Espagne et de Yougoslavie, repoussées comme des Apaches dans des territoires de plus en plus rudes.

Si le tableau belliqueux que je viens d'esquisser contient quelque vérité, nous ne pouvons en ignorer les conclusions désagréables. C'est ce qui rend tout le débat néandertalien si sensible : il ne porte pas seulement sur un peuple ancien, il nous concerne aussi. Si les Néandertaliens ont disparu parce qu'ils étaient arrivés dans une impasse de l'évolution, on ne peut que hausser les épaules et blâmer la sélection naturelle pour leur destin. Mais s'ils étaient, en fait, une variante ou une race de l'homme moderne, alors nous devons convenir que leur mort a pu constituer le premier génocide. Ou pire encore, non le premier, mais seulement le premier dont les traces aient survécu. Il s'ensuivrait que nous descendons de millions d'années de victoires impitoyables, génétiquement prédisposés par la faute de nos pères à faire comme eux, encore et toujours. Comme l'écrivait l'anthropologue Milford Wolpoff au sujet de cette période, « on ne peut imaginer une population humaine en remplaçant une autre autrement que par la violence [36] ». Non, en effet, on ne le peut pas, surtout dans le foyer maculé de sang de l'Europe, au sein de ce que l'âge de pierre laisse présager de la solution finale et de la tuerie de la Somme.

Dans le sillage de la Seconde Guerre mondiale, William Golding a exploité le thème des génocides anciens dans son extraordinaire roman *Les Héritiers*. Avec une merveilleuse assurance, Golding conduit le lecteur dans l'esprit d'un groupe anonyme d'humains primitifs. Tirée de Wells, l'épigraphe du livre évoque les Néandertaliens, même si les spécificités anthropologiques décrites conviendraient mieux à un stade bien plus primaire de l'humanité. Le peuple de Golding habite la zone arborée ; ce sont des gens doux, naïfs, aux allures de chimpanzés. Ils ne mangent aucune viande, à l'exception des reliefs de repas des gros prédateurs ; ce sont de piètres locuteurs qui utilisent la télépathie tout autant que la parole ; ils connaissent le feu mais possèdent peu d'armes, et ils n'ont jamais soupçonné la présence au monde de qui que ce soit d'autre qu'eux-mêmes.

Pourtant, peu importe les anachronismes de Golding : ses humains ne correspondent peut-être pas à un lot d'ossements particulier du passé réel, mais ils en représentent un grand nombre. Un beau jour de printemps, les habitants de la forêt sont envahis par des gens comme nous, qui, avec leurs bateaux, leurs bûchers, leurs flèches, leurs voix rauques, leurs coupes à blanc et leurs orgies d'ivrognes, déconcertent et fascinent les « diables de la forêt » pendant qu'ils les tuent un à un. À la fin, il ne reste plus du peuple autochtone qu'un bébé vagissant, qu'une mère ayant perdu son enfant adopte pour drainer son lait. Les envahisseurs s'installent dans le nouveau territoire tandis que leur chef complote d'autres meurtres – cette fois-ci parmi ses semblables –, aiguisant « une pointe de lance contre la noirceur du monde ».

Golding ne doutait pas que ces envahisseurs sanguinaires seraient les gagnants de la préhistoire, mais une autre question qu'il soulève demeure non résolue : le sang néandertalien coule-t-il toujours dans les veines des humains modernes ? Comment croire que pendant une interaction qui a duré dix mille ans il n'y ait pas eu de relations sexuelles, même sans consensus entre les intéressés ? Et s'il y a eu des rapports sexuels, y a-t-il eu des enfants ? Jusqu'à maintenant, les études d'ADN sur des restes néandertaliens n'ont pas donné de résultats concluants [37]. En revanche, un squelette d'enfant récemment découvert au Portugal indique fortement un croisement de races, comme le font des os trouvés en Croatie et ailleurs dans les Balkans [38].

Je possède aussi la preuve personnelle que les gènes néandertaliens sont peut-être encore présents en nous. Quelques humains modernes ont sur la tête un bourrelet révélateur [39]. Il se trouve que c'est mon cas. Il s'agit d'une arête osseuse, à l'arrière du crâne, qui ressemble à la vue et au toucher au chignon néandertalien. Alors, jusqu'à ce que de nouveaux résultats viennent clore le débat, je choisis de croire que le sang néandertalien coule toujours, encore que dilué dans le flot de celui de Cro-Magnon [40].

En dépit des nombreux détails qu'il reste à éclaircir concernant notre ascendance, le XXᵉ siècle a largement répondu, en fait, aux deux premières questions de Gauguin. Rationnellement, il n'y a pas de doute possible : nous sommes des singes et, quel que soit le chemin précis que nous avons jadis emprunté, nous sommes à l'origine issus de l'Afrique. Mais contrairement aux autres singes, nous avons trafiqué notre destinée et nous le faisons encore plus que jamais. Cette illusion du siècle des Lumières, « l'homme naturel », a disparu depuis belle lurette. À l'instar de ces Néandertaliens arthritiques soignés par leur famille, nous ne pouvons pas vivre sans nos cultures. Nous avons rencontré le créateur du « chef-d'œuvre » dont parle Hamlet – et c'est nous-mêmes.

2. LA GRANDE EXPÉRIENCE

Un amateur d'absurdités logiques a décrit un jour les spécialistes comme « des gens qui en savent de plus en plus au sujet de moins en moins, jusqu'à ce qu'ils en arrivent à tout savoir au sujet de rien ». De nombreux animaux sont hautement spécialisés, leur corps s'étant adapté à des niches écologiques et à des modes de vie spécifiques. La spécialisation a ses avantages, mais, à la longue, elle peut mener à une impasse de l'évolution. Lorsque sa proie s'est éteinte, le chat des cavernes a lui aussi disparu.

L'animal humain moderne – notre être physique – est un généraliste. Nous ne sommes pas pourvus de crocs, de serres ou de venin. Au lieu de quoi, nous avons conçu des outils et des armes – couteaux, pointes de lance, flèches empoisonnées. Des inventions élémentaires comme les vêtements chauds et les embarcations nous ont permis d'envahir la planète avant la fin du dernier âge glaciaire[1]. Le cerveau est notre spécialisation. La souplesse des interactions du cerveau avec la nature, par l'entremise de la culture, a été la clé de notre succès. La culture peut s'adapter bien plus rapidement que les gènes à de nouvelles menaces ou à de nouveaux besoins.

Mais, comme je l'ai laissé entendre dans le premier chapitre, il y a un risque. À mesure qu'elles se développent et que leurs technologies gagnent en puissance, les cultures peuvent elles-mêmes devenir lourdes de spécialisation, vulnérables et, dans des cas extrêmes, meurtrières. La bombe atomique, aboutissement logique de la flèche et de la balle, fut la première technologie à menacer d'extinction toute l'espèce. C'est ce que j'appelle un « piège du progrès ». Toutefois, des technologies beaucoup plus simples ont aussi séduit et ruiné des sociétés du passé, même à l'âge de la pierre.

Dans le chapitre précédent, j'ai soulevé les trois questions que posait Paul Gauguin dans sa grande toile de 1897 : *D'où venons-nous ? Que sommes-nous ? Où allons-nous ?* À un niveau concret, l'anthropologie a répondu aux deux premières : nous savons maintenant que nous sommes les descendants lointains de singes qui vivaient en Afrique il y a cinq millions d'années. Les singes modernes, aussi descendants de la même population, nous sont apparentés, mais ce ne sont pas nos ancêtres. La principale différence qui nous distingue des chimpanzés et des gorilles est qu'au cours des trois derniers millions d'années nous avons été formés moins par la nature que par la culture. Nous sommes devenus des créatures expérimentales de notre propre fabrication.

L'expérience n'a jamais été tentée auparavant. Et nous, ses auteurs involontaires, ne l'avons jamais contrôlée. Elle se déroule maintenant très rapidement et sur une échelle colossale. Depuis le début des années 1990, la population mondiale s'est multipliée par quatre, et son économie (mesure brute du fardeau que l'homme impose à la nature) par plus de quarante. Nous avons atteint un stade où il nous faut soumettre l'expérience à un contrôle rationnel et nous prémunir contre les dangers actuels et potentiels. Il n'en tient qu'à nous. Si nous échouons – si la biosphère ne peut plus assurer notre subsistance parce que nous l'aurons dégradée ou pulvérisée –, la nature haussera simplement les épaules en concluant que laisser des singes diriger un laboratoire était amusant pour un moment, mais que, en fin de compte, c'était une mauvaise idée.

Nous avons déjà causé tant d'extinctions que notre domination sur la terre apparaîtra dans l'ensemble des fossiles comme l'impact d'une météorite. Jusqu'à maintenant, nous ne sommes qu'un petit astéroïde comparé à celui qui a écrasé les dinosaures [2]. Mais si les extinctions se poursuivent, ou si nous recourons aux armes de destruction massive – je parle des vraies, celles qui sont stockées dans les immenses arsenaux des superpuissances –, alors le prochain niveau géologique montrera en effet un énorme hiatus dans la vie de cette planète.

J'ai avancé dans le chapitre précédent que la préhistoire, comme l'histoire, nous apprend que les bons n'ont pas gagné, que nous sommes les héritiers, au mieux, d'une série de victoires sanguinaires ou, au pire, du génocide. Il se peut fort bien que nous descendions d'humains qui ont exterminé à répétition leurs rivaux, pratique qui a culminé dans la disparition suspecte de nos cousins néandertaliens il y a trente mille ans. Quelle que soit la vérité à ce sujet, l'événement a marqué le début du paléolithique supérieur, la dernière et la plus brève des trois périodes de l'âge de pierre, soit environ un centième du tout.

Dans le présent chapitre, je vais examiner ce que nous pouvons déduire du premier piège du progrès – le perfectionnement de la chasse, qui a mis fin à l'âge glaciaire –, et comment notre évasion du piège par l'invention de l'agriculture a mené à notre plus grande expérience : la civilisation mondiale. Nous devrons alors nous poser la question pressante que voici : se pourrait-il que la civilisation soit un autre piège, de bien plus grande envergure ?

L'âge de pierre a commencé il y a près de trois millions d'années, quand les premiers outils rudimentaires sortirent des mains des brutes grossières qui cheminaient, le dos voûté, vers l'humanité ; il s'est terminé il y a seulement douze mille ans, lorsque les grands glaciers se retirèrent pour la dernière fois vers les pôles et les zones du globe où ils attendent de nouveaux changements climatiques. En termes de géologie, trois millions d'années ne sont guère qu'un clin d'œil, une minute de la journée terrestre. Mais en termes de vie humaine, l'âge de pierre est un abysse du temps dont nous sommes sortis en rampant pour nous retrouver, hier seulement, dans les lits moelleux de la civilisation.

Même notre sous-espèce moderne, *Homo sapiens sapiens*, est de dix à vingt fois plus vieille que la plus ancienne civilisation. Cependant, à l'échelle de l'expérience humaine subjective – mesurée en faisant la somme des vies individuelles –, la majorité des êtres humains ont connu une vie civilisée [3]. La civilisation ne remonte pas à une Antiquité reculée, mais elle prend beaucoup de place puisqu'elle est à la fois la cause et l'effet d'une explosion démographique qui ne s'est pas encore stabilisée.

Je dois préciser que je définis « civilisation » et « culture » dans un sens technique, anthropologique. Par « culture », j'entends l'ensemble des connaissances, des croyances et des pratiques d'une société donnée. Tout est culture : du végétalisme au cannibalisme ; Beethoven, Botticelli et le piercing ; ce que vous faites dans votre chambre à coucher, votre salle de bains et l'église de votre choix (si votre culture vous donne ce choix) ; et tous les aspects de la technologie, de la pierre taillée à la fission de l'atome. Les civilisations sont des formes spécifiques de culture : ce sont des sociétés importantes et complexes fondées sur la domestication des végétaux, des animaux et des êtres humains [4]. Elles sont de conceptions variées, mais ont en commun de comporter des villes, des cités, des gouvernements, des classes sociales et des professions spécialisées. Toutes les civilisations sont des cultures, ou des conglomérats de cultures, mais toutes les cultures ne sont pas des civilisations.

Les archéologues admettent généralement que les premières civilisations furent celles de Sumer, dans le sud de la Mésopotamie ou ce qui est maintenant l'Iraq, et de l'Égypte, toutes les deux ayant émergé environ trois mille ans avant J.-C. Dès l'an 1000 avant J.-C., les civilisations ceinturaient le globe, existant notamment en Inde, en Chine, au Mexique, au Pérou et dans certaines parties de l'Europe.

De tout temps, et encore aujourd'hui, les peuples civilisés se sont crus plus policés, et en fait meilleurs, que les prétendus sauvages. Mais les valeurs morales attachées à la civilisation sont spécieuses ; trop souvent elles servent à justifier l'attaque et la domination d'autres sociétés moins puissantes. Dans leur âge d'or impérial, les Français se croyaient investis d'une « mission civilisatrice » et les Britanniques portaient leur « fardeau de l'homme blanc » – que venaient alléger les armes automatiques. (Comme l'écrivait Hilaire Belloc en 1898 : « Quoi qu'il arrive / Le plus gros canon, c'est nous qui l'avons. ») De nos jours, Washington prétend régenter et sauvegarder « le monde civilisé », une tradition qui dans la rhétorique américaine remonte au déracinement et à l'extermination des premiers habitants de ce pays [5].

Les cirques romains, les sacrifices aztèques, les bûchers de l'Inquisition, les camps de la mort nazis ont tous été l'œuvre de sociétés hautement civilisées [6]. Rien qu'au XXe siècle, au moins cent millions de personnes, des civils pour la plupart, ont péri dans des guerres [7]. Les sauvages n'ont pas fait pire. Devant le Colisée et les camps de concentration, nous n'avons d'autre choix que d'abandonner l'espoir que la civilisation puisse être, en soi, une garantie de progrès moral.

Lorsque le Mahatma Gandhi séjournait en Angleterre, dans les années 1930, pour des pourparlers sur l'autonomie gouvernementale indienne, un reporter lui demanda ce qu'il pensait de la civilisation occidentale. Gandhi, qui venait de visiter les bidonvilles de Londres, a répliqué : « Je pense que ce serait une très bonne idée. [8] » Si je parais parfois dur à l'égard de la civilisation, c'est que, à l'instar de Gandhi, j'aimerais qu'elle honore ses promesses et qu'elle soit une réussite. Je préfère de loin vivre dans une maison plutôt que dans une caverne. J'aime les beaux édifices et les bons livres. J'aime savoir que je suis un singe, que la Terre est ronde, que le Soleil est une étoile et que les étoiles sont des soleils – savoir pris pour acquis, mais qu'on a mis des milliers d'années à tirer « du Chaos et de la Vieille Nuit [9] ». Malgré toutes ses cruautés, la civilisation est précieuse ; c'est une expérience qu'il vaut la peine de poursuivre. Elle est aussi précaire : au fur et à mesure que nous grimpons sur l'échelle du progrès, nous brisons les barreaux que nous avons gravis. Il n'y a pas de recul possible sans catastrophe. Ceux qui n'aiment pas la civilisation et attendent qu'elle casse sa gueule arrogante devraient se rappeler qu'il n'existe pas d'autre moyen de faire vivre l'humanité, vu le nombre et l'état actuels de la population mondiale [10].

L'âge de pierre nous semble maintenant si éloigné que nous y pensons rarement, sauf peut-être pour sourire d'une bande dessinée de la série *Farside*. Et pourtant, il a pris fin si récemment – seulement six fois plus tôt que la naissance du Christ et l'Empire romain – que les grands changements depuis que nous avons quitté les cavernes ont tous été culturels plutôt que physiques. Une espèce ancienne comme la nôtre ne peut évoluer de manière notable sur un court intervalle. Autrement dit, si la culture et la technologie sont cumulatives, l'intelligence innée ne l'est pas [11].

Comme dans la blague du Dr Johnson – on peut tirer beaucoup d'un Écossais si on s'y prend assez tôt –, un enfant du paléolithique supérieur enlevé à son feu de camp et élevé parmi nous aurait une chance sur deux de décrocher un diplôme d'astrophysique ou de sciences informatiques. Pour emprunter une analogie à l'informatique, nous faisons fonctionner un logiciel du XXIe siècle sur du matériel dont la dernière mise à jour remonte à cinquante mille ans ou plus. Cela pourrait expliquer bon nombre des événements que nous montrent les journaux télévisés de nos jours.

La culture a elle-même créé ce problème unique aux humains : en partie parce que la croissance culturelle va bien plus vite que l'évolution, et parce que, depuis longtemps, la masse cumulée des cultures a devancé la sélection naturelle et placé notre destinée entre nos propres mains.

« Je vais vous dire ce qu'est un homme », écrit William Golding dans son roman *Chris Martin*, de 1956, qui, même s'il se déroule pendant la Seconde Guerre mondiale, poursuit la réflexion sur l'humanité que l'auteur avait engagée dans son roman sur l'âge de pierre, *Les Héritiers*. « L'homme est un monstre, un fœtus expulsé frustré de son développement naturel, lancé dans le monde avec, pour le couvrir, un simple parchemin, un emplacement insuffisant pour les dents et un crâne renflé et mou comme une bulle. Mais la nature remue la matière intérieure [12]. »

Dans la matière grise de Golding grouillent de nombreux ingrédients : génie et folie, logique et croyance, instinct et hallucination, compassion et cruauté, amour, haine, sexe, art, cupidité – toutes les forces de la vie et de la mort. Chez l'individu, la somme de ces forces constitue la personnalité ; en société, cela devient la personnalité collective qu'on appelle la culture. À la longue, la matière grise de la culture a continué de grandir. Et il y a eu plusieurs épisodes écumeux où elle a soudainement enflé jusqu'à passer par-dessus bord.

Le premier de ces épisodes a été la maîtrise du feu par l'*Homo erectus*, qui a fait pencher la balance de la survie fortement en notre faveur. Le suivant, survenu un demi-million d'années plus tard, a été le perfectionnement des méthodes de chasse par les hommes de Cro-Magnon, peu après qu'ils eurent supplanté les Néandertaliens. De nouvelles armes apparurent, plus légères, plus tranchantes, de plus longue portée, plus élégantes et plus meurtrières [13]. Les ornements de perles, les os gravés, les instruments de musique et les rituels funéraires élaborés devinrent monnaie courante. De magnifiques fresques apparurent sur les murs des cavernes et sur les faces rocheuses, affichant un naturalisme vigoureux qu'on n'allait plus retrouver avant la Renaissance.

Bon nombre de ces réalisations avaient déjà été accomplies sur une petite échelle par les Néandertaliens et les hommes de Cro-Magnon [14], si bien que cette floraison d'art et de technologie ne peut constituer (comme certains le prétendent) la preuve que nous avons soudainement évolué en une nouvelle espèce nantie de tout nouveaux pouvoirs cognitifs. Toutefois, c'est effectivement la preuve d'un motif culturel familier : le loisir né d'un surplus de nourriture. Les chasseurs-cueilleurs produisaient plus que ne l'exigeait leur subsistance, ce qui leur donnait le temps de peindre, de confectionner perles et gravures, de jouer de la musique, de s'accorder des rituels religieux. Pour la première fois, les gens étaient riches.

Pour établir une analogie sommaire entre deux ères distinctes, de durée et de complexité très différentes, il existe certaines ressemblances entre cette fin de l'âge de pierre et la seconde moitié du millénaire des « découvertes » et conquêtes occidentales. Depuis l'an 1492 de notre ère, une civilisation, celle de l'Europe, a largement détruit et repoussé toutes les autres, en même temps qu'elle s'étoffait et se transformait en puissance industrielle (un point sur lequel je reviendrai dans un des chapitres suivants). Pendant le paléolithique supérieur, une variété d'hommes – l'homme de Cro-Magnon, ou *Homo sapiens* [15] – s'est multipliée et déployée dans le monde, tuant, déplaçant ou absorbant toutes les autres, puis pénétrant dans de nouveaux territoires qui n'avaient jamais été foulés par un pied humain.

Il y a tout au plus quinze mille ans – bien avant le retrait des glaciers –, le genre humain s'établit sur tous les continents, à l'exception de l'Antarctique. Comme plus tard l'expansion de l'Europe dans le monde entier, cette vague préhistorique de découvertes et de migrations eut des conséquences écologiques profondes. Peu de temps après l'apparition de l'homme dans de nouveaux territoires, le gros gibier se mit à manquer. Les mammouths et le rhinocéros laineux se retirèrent vers le nord, puis s'éclipsèrent de l'Europe et de l'Asie. Un wombat géant, d'autres marsupiaux et une tortue de la taille d'une Volkswagen disparurent de l'Australie. Le chameau, le mammouth, le bison géant, le mégathérium et le cheval s'effacèrent des Amériques [16]. Une série d'extinctions marqua le sillage de l'*Homo sapiens* autour du monde.

Tous les experts ne s'accordent pas à en accuser nos seuls ancêtres. Nos défenseurs font remarquer que nous avons chassé en Afrique, en Asie et en Europe pendant un million d'années, ou davantage, sans en épuiser les ressources, que nombre de ces extinctions ont coïncidé avec des bouleversements climatiques et que la fin de l'âge glaciaire a pu être assez soudaine pour empêcher les gros animaux de migrer ou de s'adapter. Ce sont des objections valables qu'il serait imprudent d'écarter entièrement. Pourtant, la culpabilité de nos aïeux est, je pense, d'une écrasante évidence. Sans aucun doute la fonte des glaciers a mis les animaux à l'épreuve, cependant ils avaient survécu à d'autres réchauffements semblables. Il est également vrai que les peuples primitifs – *Homo erectus*, *Homo neandertalensis* et *Homo sapiens* – avaient chassé le gros gibier sans l'exterminer. Mais les gens du paléolithique supérieur étaient beaucoup mieux équipés et beaucoup plus nombreux que leurs prédécesseurs, et ils tuaient sur une bien plus grande échelle [17]. Certains de leurs sites d'abattage atteignaient presque des dimensions industrielles : ici, un millier de mammouths ; là, plus de cent mille chevaux[18]. « Les Néandertaliens étaient certainement compétents et vaillants à la chasse, écrit l'anthropologue William Howells en 1960, mais ils n'ont pas laissé d'ossuaires d'envergure semblable à celui-ci.[19] » Plus récemment, Ian Tattersall en souligne la morale écologique : « Comme nous, dit-il, les hommes de Cro-Magnon devaient avoir un côté néfaste[20]. »

Quand le terrain s'y prêtait, ces implacables chasseurs faisaient basculer des troupeaux entiers au bas d'escarpements où des piles de carcasses restaient à pourrir, une pratique qui s'est poursuivie jusqu'aux époques historiques dans des lieux tels que Head-Smash-In Buffalo Jump, en Alberta. Par chance pour les bisons, les falaises sont rares dans les Grandes Plaines. Mais rien n'allait arrêter les fusils de l'homme blanc, qui, au XIXe siècle, ont réduit presque à néant à la fois le bison et les Indiens en quelques décennies. Herman Melville parle des « troupeaux bossus des bisons qui, il n'y a pas quarante ans, hantaient par dizaines de milliers les prairies de l'Illinois et du Missouri, [là] où le courtier poli vous vend aimablement la terre à un dollar le pouce[21]. » La terre à un dollar le pouce : voilà bien la civilisation.

Les chasseurs-cueilleurs modernes – Indiens d'Amazonie, Aborigènes australiens, Inuits, Bochimans du Kalahari – sont les gérants avisés de leur écologie, limitant leur population et prenant soin de leur nature[22]. On présume souvent que les chasseurs des temps anciens ont fait preuve de la même prudence, mais l'évidence archéologique ne permet pas de soutenir ce point de vue. Au paléolithique, la chasse était le moyen de subsistance général et se pratiquait dans des milieux ultrariches, sur une terre qui semblait sans bornes. Nous devons déduire de l'ampleur des vestiges qu'elle se pratiquait avec l'optimisme du chasseur insouciant, toujours convaincu qu'une autre belle prise l'attend au détour de la prochaine colline.

Les dernières extinctions massives, qui sont aussi les mieux documentées – celles d'oiseaux coureurs et d'autres animaux de Nouvelle-Zélande et de Madagascar – ne laissent pas l'ombre d'un doute quant à la culpabilité des hommes [23]. Le biologiste australien Tim Flannery a traité l'être humain de « mangeur d'avenir », chaque espèce exterminée ayant signifié la mort d'une possibilité [24].

Donc, l'un des faits à retenir sur notre propre compte est que la période du paléolithique supérieur, qui peut fort bien avoir commencé par un génocide, a fini dans une orgie de gibier. Le perfectionnement même de la chasse a mis fin à sa pratique comme mode de vie. L'abondance de nourriture carnée permettait d'avoir plus d'enfants. Plus d'enfants signifiait plus de chasseurs, mais tôt ou tard un surplus de chasseurs avait pour conséquence l'épuisement du gibier. La plupart des grandes migrations mondiales, à cette époque, ont sans doute été le fait de la nécessité, à mesure que nous épuisions les ressources dans nos festins nomades.

L'archéologie de l'Europe occidentale pendant le dernier millénaire du paléolithique montre l'effritement de l'opulent mode de vie des hommes de Cro-Magnon. L'art mural des cavernes clignote, puis s'éteint complètement. Les sculptures et gravures se raréfient. Les lames de silex se font de plus en plus petites. Au lieu de tuer des mammouths, elles visent des lapins.

Dans un essai des années 1930 intitulé *In Praise of Clumsy People**, l'écrivain et humoriste tchèque Karel Čapek observe : « L'homme a cessé d'être un simple chasseur lorsque des individus naquirent qui étaient des chasseurs très incompétents. » La remarque de Čapek est plus subtile qu'elle n'en a l'air. Les chasseurs de la fin de l'âge de pierre n'étaient

* « Éloge des maladroits » (NdT).

certainement pas maladroits, mais ils étaient incompétents parce qu'ils ont enfreint la règle primordiale de tout bon parasite : ne pas tuer son hôte. En acculant à l'extinction espèce après espèce, ils sont tombés dans le premier piège du progrès.

Certains de leurs descendants – les sociétés de chasseurs-cueilleurs qui ont survécu jusqu'aux périodes récentes – allaient apprendre à se maîtriser à l'école des coups durs. Mais le reste d'entre nous a trouvé un nouveau moyen de faire monter les enchères : le grand changement connu rétrospectivement comme l'agriculture ou la « révolution » du néolithique.

Parmi les chasseurs, il s'est toujours trouvé un grand nombre de non-chasseurs : les cueilleurs – surtout des femmes et des enfants, pensons-nous –, chargés des fruits et légumes sauvages qui figuraient au menu d'une caverne bien gérée. Leur part dans le garde-manger allait devenir de plus en plus importante à mesure que le gibier disparaissait.

Les hommes de cette période brève et hâtive que l'on appelle le mésolithique, ou âge de pierre moyen, ont tout essayé : vivre dans les estuaires et les marécages ; ramasser coquillages et crustacés sur les grèves ; fouir le sol à la recherche de racines ; et faucher la végétation herbacée pour ses minuscules graines, une pratique qui allait avoir d'énormes implications. Certaines de ces herbacées étaient si riches, et leur exploitation si exigeante en main-d'œuvre, que des villages s'établirent dans des régions clés avant même l'avènement de l'agriculture [25]. Les cueilleurs remarquèrent peu à peu que les graines accidentellement répandues ou transmises par le crottin repoussaient l'année suivante. Ils entreprirent alors d'agir sur ce résultat en cultivant et en agrandissant les peuplements naturels, qu'ils ensemençaient de graines plus grosses et plus faciles à récolter.

De telles expériences allaient un jour mener à l'agriculture intégrale et à une dépendance presque totale envers quelques produits de base, toujours les mêmes, mais il faudrait pour cela attendre plusieurs milliers d'années : à cette époque primaire, les cultivateurs étaient encore surtout des cueilleurs, exploitant une grande variété de végétaux, de même que le gibier sauvage et le poisson qu'ils pouvaient trouver. Ainsi, à Monte Verde, au Chili, un village permanent de huttes de bois rectangulaires établi il y a treize mille ans, les habitants se nourrissaient de camélidés, de petit gibier et du mastodonte dont l'extinction n'allait pas tarder ; mais les vestiges mis au jour contiennent de nombreux restes de légumes sauvages, en particulier des pelures de pomme de terre [26]. Bien que Monte Verde soit l'un des plus anciens sites humains des Amériques, il fait état d'une connaissance élaborée et intime des végétaux autochtones, dont plusieurs allaient devenir les produits agricoles de base de la civilisation andine.

Comme le cumul des petits changements qui nous séparent des autres grands primates, la révolution agraire a été une expérience instinctive, trop graduelle pour que ses instigateurs en soient conscients, encore moins pour qu'ils prévoient où elle allait les mener, mais, par comparaison avec les développements antérieurs, elle s'est produite à la vitesse de l'éclair.

Détail important pour ce qu'il nous apprend sur nous-mêmes, il n'y eut pas qu'une seule révolution, mais bien plusieurs. Sur chaque continent, l'Australie exceptée [27], des essais d'agriculture ont été entrepris peu de temps après que le régime des glaces eut relâché son emprise. Certains ouvrages anciens (mais aussi d'autres plus récents [28]) soulignent l'importance du Moyen-Orient, ou Croissant fertile, qui à cette époque s'étendait des grèves de la Méditerranée au plateau d'Anatolie et aux plaines alluviales de l'Iraq. Toutes les civilisations du pain tiennent leurs aliments de base de cette époque qui nous a donné le blé, l'orge, le mouton et la chèvre.

Il est maintenant établi que le Moyen-Orient n'était qu'une parmi au moins quatre grandes régions du monde où l'agriculture s'est développée, indépendamment, mais à peu près en même temps. Les autres étaient l'Extrême-Orient, où le riz et le millet devinrent les aliments de base ; la Méso-Amérique (Mexique et parties voisines de l'Amérique centrale), dont les civilisations vivaient du maïs, des haricots, des courges, de l'amarante et des tomates ; et la région andine, en Amérique du Sud, qui a mis au point plusieurs variétés de pommes de terre, d'autres tubercules, la courge, le coton, les cacahuètes et des graines riches en protéines, notamment le quinoa [29]. Dans toutes ces régions centrales, la domestication des cultures apparut il y a huit à dix mille ans [30]. Outre ces quatre grands sites, il existe environ une douzaine d'aires fondatrices moins importantes dans le monde, y compris le Sud-Est asiatique tropical, l'Éthiopie, l'Amazonie et la partie orientale de l'Amérique du Nord, qui nous ont donné respectivement la banane, le café, le manioc et le tournesol [31]. Des peuples n'ayant aucun rapport entre eux ont parfois développé les mêmes plantes : deux variétés de coton et de cacahuète ont été mises au point simultanément dans le Nouveau et l'Ancien Monde.

Il est plus difficile de documenter la domestication des animaux, mais, à peu près en même temps que se répandait l'agriculture, les hommes apprirent que certains herbivores et oiseaux pouvaient être pistés, capturés, mis dans des enclos et abattus suivant les besoins. Au fil des générations, ces animaux devinrent suffisamment apprivoisés – et suffisamment bêtes – pour ne pas se soucier des bipèdes, ces tueurs en série qui ne les quittaient pas d'une semelle. Ainsi, tout comme la cueillette s'était faite jardinage, la chasse se transforma en élevage.

Les moutons et les chèvres, au Moyen-Orient, furent les premiers animaux réellement domestiqués, à partir d'environ 8000 avant J.-C. Les camélidés domestiques – espèces primitives de lama et d'alpaga utilisées comme animaux de bât, de même que pour la laine et la viande – apparaissent au Pérou au cours du VIe millénaire avant J.-C., à peu près en même temps que le bétail en Eurasie, encore que ni les camélidés ni les premiers bovidés n'aient été traits. Les ânes et les chevaux étaient déjà domptés depuis 4000 avant J.-C. environ. Des créatures plus rusées, comme les chiens, les cochons et les chats, étaient depuis longtemps disposées à traîner autour des établissements humains en échange de reliefs de repas, de pâtée et des nombreuses souris vivant dans les greniers. On trouve des chiens, peut-être domestiqués pour la chasse au paléolithique, auprès des groupements humains du monde entier. Par temps froid, ils servaient parfois à réchauffer les lits. Dans des pays comme la Corée et le Mexique, des races canines particulières étaient élevées pour la viande. Lorsqu'il entreprit son triste périple vers les mâchoires du colonel Sanders, le poulet était un oiseau de la jungle asiatique au plumage magnifique ; la dinde, elle, était domestiquée au Mexique. Outre le lama et l'alpaga, les Péruviens élevaient le canard de Barbarie et l'humble mais prolifique cochon d'Inde – lequel fait même une apparition éclair au menu de la Cène du Christ dans un tableau de l'époque coloniale [32].

Comme l'indique la consommation de cochons d'Inde et de chihuahuas, les Amériques étaient moins bien nanties en animaux domesticables que l'Ancien Monde, mais le Nouveau Monde a compensé en créant un éventail de végétaux plus large et productif. À lui seul, le Pérou comptait près de quarante espèces majeures [33]. De telles plantes ont fini par nourrir d'énormes cités aborigènes dans les Amériques, et plusieurs d'entre elles allaient transformer la nutrition et l'économie de l'Ancien Monde où elles allaient être introduites, un point que je développerai dans le chapitre final.

Plus les réserves alimentaires sont prévisibles, plus la population augmente. Par contraste avec les chasseurs-cueilleurs nomades, les peuples sédentaires avaient peu de raison de limiter le nombre d'enfants, qui se révélaient être une main-d'œuvre utile aux champs et pour les tâches ménagères. La fécondité des femmes avait tendance à augmenter, parce que leur corps avait une masse graisseuse plus élevée et que le sevrage venait plus tôt grâce au lait animal et aux aliments céréaliers pour bébés. Les cultivateurs ne tardèrent pas à surpasser en nombre les chasseurs-cueilleurs, en les assimilant, les tuant ou les repoussant dans la « nature sauvage » environnante.

Au début du paléolithique supérieur, lorsque notre sous-espèce moderne s'affirme par tous les moyens héritière de la terre entière, nous chiffrons au total, *grosso modo*, un tiers de million d'âmes[34]. Il y a dix mille ans, à la veille de l'implantation de l'agriculture, après avoir pris pied sur tous les continents habitables, nous étions passés à quelque trois millions ; et il y a cinq mille ans, lorsque l'agriculture fut établie dans toutes les régions fondatrices et que la civilisation proprement dite eut vu le jour à Sumer et en Égypte, la population du globe comptait peut-être entre quinze et vingt millions de personnes.

Ces chiffres sont simplement des conjectures éclairées, et, bien entendu, le tableau que je viens de brosser est excessivement simplifié. Le passage à la vie agricole permanente a exigé des millénaires, et les premiers résultats n'ont pas toujours été prometteurs, même dans une zone primordiale comme le Moyen-Orient. La Jéricho du néolithique était minuscule, couvrant à peine quatre acres[35] en 8000 avant J.-C., et il a fallu mille cinq cents ans pour qu'elle atteigne dix acres[36]. Le site turc de Çatal Höyük, le plus grand établissement du Croissant fertile entre 7000 et 5500 avant J.-C., ne couvrait que le vingtième d'un mille carré (ou trente-deux acres[37]), et ses habitants devaient tirer une bonne partie de leurs protéines du gibier sauvage. Comme le sait tout Canadien de milieu rural, les fermiers continuent de pratiquer la chasse par plaisir ou si elle se montre rentable, et cela s'est appliqué particulièrement dans les Amériques et certaines parties de l'Asie, où les animaux domestiques étaient peu abondants. Néanmoins, le rythme de la croissance s'est accéléré. Il y a cinq mille ans environ, la majorité des êtres humains étaient passés de la consommation de viande sauvage à celle de la chair d'animaux domestiques.

Dans l'ampleur de ses conséquences, aucune invention ne peut rivaliser avec l'agriculture (sauf, depuis 1940, celle d'armes capables de nous annihiler jusqu'au dernier). La carrière de l'espèce humaine se subdivise en deux périodes : avant et après la révolution néolithique. Bien que les trois âges de la pierre (l'éolithique, le paléolithique et le néolithique) semblent appartenir à un seul et même ensemble, ce n'est pas le cas. Le mésolithique a bien plus en commun avec les périodes suivantes qu'avec les millions d'années d'outillage lithique qui l'ont précédé. La révolution agraire a produit un mode de subsistance entièrement nouveau, qui demeure à ce jour le fondement de l'économie mondiale. La technologie alimentaire de l'âge néolithique est la seule dont nous ne saurions nous passer. Les plantes cultivées jadis par une douzaine de peuples anciens nourrissent les six milliards d'habitants de la terre d'aujourd'hui. En dépit de plus de deux siècles d'amélioration scientifique des cultures, de la prétendue « révolution verte » des années 1960 et de l'ingénierie génétique des années 1990, pas un seul aliment de base n'a été ajouté au répertoire de nos cultures depuis la préhistoire.

Bien que l'âge néolithique ait finalement abouti au travail des métaux dans plusieurs parties du monde, et à la révolution industrielle en Europe, ce n'étaient là que variations sur un même thème, non pas un changement fondamental de la subsistance. Le village néolithique ressemblait à un village de l'âge du bronze ou de l'âge du fer – ou, d'ailleurs, à un village du tiers-monde moderne.

À partir du néolithique, la classification des étapes du développement humain d'après leur outillage, selon la méthode de l'archéologie victorienne, ne sert plus à grand-chose. Il peut avoir quelque mérite en Europe, où la technologie est souvent liée au changement social, mais n'est guère utile pour comprendre ce qui s'est passé là où la pénurie de ce que notre culture technologique considère comme élémentaire – métal, charrue, roue, etc. – a été ingénieusement contournée ou bien, à l'inverse, jugée sans importance [38]. Par exemple, la roue a été inventée en Mésopotamie quelque quatre mille ans avant J.-C., mais il a fallu deux mille ans de plus pour qu'elle soit utilisée chez sa proche voisine l'Égypte. Les Mayas de la période classique, une civilisation lettrée qui aurait pu rivaliser avec l'Europe classique en mathématiques et en astronomie, utilisaient si peu de métaux qu'ils en étaient techniquement à l'âge de pierre [39]. Par contraste, l'Afrique subsaharienne a maîtrisé le travail du fer dès 500 avant J.-C. (en même temps que la Chine), mais n'a jamais développé une vraie civilisation [40]. Les Incas du Pérou, chez qui le travail des métaux a commencé vers 1500 avant J.-C., ont édifié l'un des empires les plus vastes et les plus magistralement administrés du monde, mais il se peut qu'ils y soient parvenus sans l'écriture telle que nous la connaissons (encore que le *quipu* semble de plus en plus avoir été une forme de script [41]). Le Japon a produit de la poterie bien avant quiconque il y a plus de douze mille ans, mais la riziculture et la civilisation dans le plein sens du terme n'y sont apparues que dix mille ans plus tard, importées en bloc de Chine et de Corée. Les Japonais n'ont pas commencé à travailler le bronze avant 500 avant J.-C., mais sont devenus célèbres au XVIe siècle pour leur travail de l'acier. À cette époque, ils ont fait l'acquisition d'armes à feu européennes, puis les ont abandonnées pendant trois cents ans.

Par conséquent, nous devrions nous méfier du déterminisme technologique, car il tend à sous-estimer les facteurs culturels et à réduire des questions complexes d'adaptation humaine à ce raisonnement simpliste : « Puisque nous sommes les gagnants de l'histoire, pourquoi les autres n'ont-ils pas fait comme nous ? » Nous qualifions l'agriculture et la civilisation d'« inventions » ou d'« expériences » parce qu'elles nous apparaissent comme telles rétrospectivement. Cependant, elles ont débuté accidentellement, comme de séduisantes digressions sur le sentier menant, pour la plupart des mortels, à une vie de monotonie et de dur labeur. L'agriculture a produit la quantité aux dépens de la qualité : plus de nourriture et plus de monde, mais rarement une meilleure nutrition ou une vie meilleure. Les hommes ont abandonné un vaste éventail d'aliments naturels contre une poignée de tubercules et de grains – le blé, l'orge, le riz, la pomme de terre et le maïs. À mesure que nous domestiquions les plantes, celles-ci nous domestiquaient. Sans nous, elles meurent, et sans elles, c'en est fait de nous. Nous ne pouvons échapper à l'agriculture, sauf pour mourir en masse de la famine, là où les sécheresses, la rouille et le mildiou nous ont souvent amenés de toute façon. Presque de tout temps, la plupart des gens ont vécu au bord de la famine, et une bonne partie du monde en est encore là [42].

Dans les sociétés de chasseurs-cueilleurs (exception faite de quelques cas spécifiques), la structure sociale était plus ou moins égalitaire, et l'écart de richesse et de pouvoir entre le plus grand et le plus petit demeurait faible. Le leadership était soit diffus, soit affaire de consensus, soit encore obtenu par le mérite et l'exemple. Le chasseur couronné de succès ne s'emparait pas de sa prise pour la dévorer tout seul sur-le-champ : il en partageait la chair et gagnait ainsi en prestige. Si un chef devenait dominateur, ou si la minorité désapprouvait une décision prise par la majorité, les gens pouvaient partir. Dans un monde peu densément peuplé, sans frontières et ignorant la propriété, il était facile de montrer son désaccord en levant le camp.

Les villes et villages qui ont poussé les premiers après l'âge glaciaire dans une douzaine de centres agraires répartis autour du monde semblent avoir conservé ces aimables façons de faire pendant un certain temps. La plupart étaient de petites communautés de paysans, dans lesquelles tout un chacun s'employait à des tâches similaires et avait un style de vie comparable [43]. Ou bien la terre était détenue par la communauté, ou bien on considérait qu'elle n'avait pas de propriétaire, à part les dieux. Les fermiers qui s'enrichissaient en raison de leur compétence et de leurs efforts avaient l'obligation de partager avec les nécessiteux auxquels ils étaient unis par des liens de parenté.

Toutefois, les différences de richesse et de pouvoir se sont graduellement marquées. La liberté et la mobilité sociale ont décliné à mesure que croissaient les populations et que les frontières se durcissaient entre les groupes. Ce modèle est d'abord apparu dans les villages néolithiques du Moyen-Orient, puis il s'est reproduit dans le monde entier. Les premiers agriculteurs du Danube, par exemple, n'ont laissé que des outils dans les vestiges les plus anciens, tandis que les établissements ultérieurs sont fortifiés et jonchés d'armes. Ici, écrit le grand archéologue australien Gordon Chile, « nous constatons presque l'état de guerre de tous contre tous, qui survient [...] quand la terre se fait rare [44] ». Comme il écrivait ces propos en

1942, pendant la politique expansionniste du *Lebensraum*[45] de Hitler, Childe n'a pas eu besoin de souligner combien le monde avait peu changé depuis l'âge paléolithique.

Comme l'a déclaré le Dr Johnson, le patriotisme est sans doute « le dernier refuge du vaurien », mais c'est aussi le premier recours du tyran. Ceux qui ont peur des étrangers sont aisément manipulés. La caste des guerriers censée protéger la société pratique souvent le racket. En temps de guerre ou de crise, le plus grand nombre perd le pouvoir aux mains de quelques-uns qui promettent la sécurité. Plus insaisissable ou imaginaire est l'ennemi, plus il est facile de fabriquer le consensus. L'Inquisition fit du diable un fond de commerce florissant[46]. Quant à la lutte du XXe siècle entre capitalisme et communisme, elle ressemblait à s'y méprendre aux anciennes guerres de religion. La défense de l'un ou de l'autre système valait-elle *vraiment* le risque de faire sauter la planète ?

Nous sommes en train de perdre des libertés remportées de haute lutte sous le prétexte d'une « guerre au terrorisme » à l'échelle mondiale, comme si le terrorisme était quelque chose de nouveau. (Ceux qui le pensent devraient lire *L'Agent secret*, un roman qui met en scène des anarchistes kamikazes rôdant dans Londres, bardés d'explosifs ; l'ouvrage, écrit il y a cent ans, est l'œuvre de Joseph Conrad[47].) Le musulman fanatique prend dignement le relais de l'hérétique, de l'anarchiste et, surtout, du péril rouge qui a si bien servi les budgets militaires tout au long de la guerre froide.

La révolution néolithique semble avoir été inévitable, ou presque, là où en étaient réunis les éléments essentiels. Si la découverte de l'agriculture avait été suscitée par une combinaison de circonstances exceptionnelles, elle ne se serait produite que dans quelques lieux précis, puis répandue à partir de là, ou bien elle serait apparue de façon très dispersée et à des époques extrêmement différentes. Jusqu'au paléolithique supérieur (ou peu de temps auparavant [48]), dame Nature avait gardé tous ses singes touche-à-tout enfermés dans un seul grand laboratoire, celui de l'Ancien Monde. Mais une fois les singes sortis et partis dans le Nouveau Monde, il y eut deux laboratoires, chacun pourvu de matériaux bruts différents, et pratiquement coupés l'un de l'autre lorsque la fonte des glaciers eut fait monter le niveau de la mer [49]. Étant donné que les plantes, les animaux, les milieux et la technologie y étaient totalement dissemblables, on reste stupéfait de constater que des sentiers similaires ont été empruntés d'un bout à d'autre de la terre, et ont produit des résultats aussi proches.

Lorsque les Espagnols atteignirent l'intérieur américain, au début du XVIe siècle, les peuples de l'hémisphère occidental et ceux de l'hémisphère oriental ne s'étaient plus revus depuis que leurs ancêtres, chasseurs de l'âge glaciaire en manque de gibier, s'étaient quittés. Il est vrai qu'il y avait eu quelques contacts avant Colomb – avec les Polynésiens, les Vikings et peut-être des peuples asiatiques –, mais ils avaient été trop fugaces et étaient survenus trop tard pour affecter la flore ou la faune indigènes, ou l'émergence de la civilisation. Même des matelots brevetés comme le rat surmulot et le cancrelat n'avaient pas atteint les Amériques avant Colomb, pas plus que ne l'avaient fait les terribles fléaux de l'Ancien Monde, notamment la variole [50].

Ce qui eut lieu au début du XVIe siècle fut réellement exceptionnel, ne s'était jamais produit auparavant et ne se reproduirait jamais plus : deux expériences culturelles, se déroulant indépendamment depuis au moins quinze mille ans, se trouvèrent enfin face à face. L'incroyable, après tout ce temps, est que chacune pouvait reconnaître les institutions de l'autre. Quand Cortés mit pied à terre au Mexique, il y trouva des routes, des canaux, des cités, des palais, des écoles, des tribunaux, des marchés, des travaux d'irrigation, des rois, des prêtres, des temples, des paysans, des artisans, des armées, des astronomes, des marchands, des sports, du théâtre, de la musique et des livres. Des civilisations avancées s'étaient développées de part et d'autre de la terre, différentes dans les détails mais semblables pour l'essentiel.

Le cas type de l'Amérique porte à croire que nous sommes des créatures prévisibles, poussées par des besoins, des désirs, des espoirs et des sottises identiques. Des expériences de moindre envergure conduites indépendamment ailleurs n'avaient pas atteint le même niveau de complexité, mais elles étaient nombreuses à montrer les mêmes tendances. Des minicivilisations, avec hiérarchie sociale, agriculture intensive et monuments de pierre, ont même fleuri sur les îles de la lointaine Polynésie, colonisées par les descendants d'un équipage ou deux de marins intrépides.

Devant non seulement la similarité, mais aussi le synchronisme de ces développements distincts, nous devons nous demander pourquoi il n'y eut aucune agriculture avant la fin du dernier âge glaciaire. Les gens d'il y a vingt mille ans étaient tout aussi intelligents que ceux d'il y a dix mille ans ; ils n'étaient pas tous gavés de gibier, et la glace n'avait pas d'emprise sous les basses latitudes.

L'une des réponses possibles à cette question est à présent pour nous une source d'inquiétude. En examinant des carottes de glace ancienne, dont les marques annuelles sont comparables aux cercles des troncs d'arbre, les climatologues ont pu retracer les températures moyennes du globe sur quatre millions d'années. Ces études montrent que le climat global a été inhabituellement stable au cours des dix mille dernières années, soit exactement l'âge de l'agriculture et de la civilisation. Il semble que nous n'aurions pu développer l'agriculture plus tôt, même si nous l'avions tenté. Ces études montrent aussi que le climat de la terre a parfois fluctué frénétiquement, se dégageant d'un âge glaciaire ou plongeant dans un autre en l'espace non pas de siècles, mais bien de décennies[51].

On connaît mal les déclencheurs naturels de tels événements. Une quelconque réaction en chaîne – peut-être un renversement soudain des courants océaniques, ou la libération de méthane par dégel du pergélisol – pourrait provoquer des bouleversements rapides. Dans son étude des carottes glaciaires, Richard Alley fait remarquer ce qui devrait constituer une évidence : que « les humains ont bâti une civilisation adaptée au climat que nous avons. De plus en plus, l'humanité utilise tout ce que ce climat fournit, [et] le climat des quelques derniers millénaires est pratiquement ce qu'on peut souhaiter de meilleur[52] ».

Le changement ne sert pas nos intérêts. La seule politique rationnelle dont nous disposons est de ne pas risquer de le provoquer. Et pourtant, nous avons la preuve certaine que la civilisation même, par l'émission des gaz issus de combustibles fossiles et d'autres perturbations, est en train de bouleverser la longue période de calme qui l'a vue croître. Des glaciers continentaux se détachent des deux pôles ; d'autres fondent dans les Andes et l'Himalaya ; certains ont disparu en moins de vingt-cinq ans[53]. Des sécheresses et des canicules inhabituelles ont déjà causé la chute ou la stagnation de la production mondiale de grains huit ans de suite, tandis que, pendant ces mêmes huit années, le nombre de bouches à nourrir augmentait de six cent millions.

Un réchauffement régulier sera bien assez mauvais, mais le pire qui puisse en résulter serait un revirement soudain de l'équilibre climatique de la terre, un retour à son ancien régime de chaud-froid. Si cela se produit, les récoltes seront déficitaires partout et la grande expérience de la civilisation connaîtra une fin catastrophique. Pour ce qui est de notre alimentation, nous sommes devenus tout aussi spécialisés, et donc tout aussi vulnérables, que le chat des cavernes le fut jadis.

3. LE PARADIS DE LA SOTTISE

Ce qui étonne le plus du monde antique, c'est qu'il soit si récent. Il n'existe aucune cité ou monument de beaucoup plus de cinq mille ans. Seulement quelque soixante-dix vies d'environ soixante-dix ans ont été vécues bout à bout depuis le début de la civilisation[1], dont la course entière n'occupe que 0,2 % des deux millions et demi d'années qui se sont écoulées depuis que le premier de nos ancêtres a tiré d'une pierre un éclat tranchant.

Dans le chapitre précédent, j'ai esquissé l'essor et la chute du « chasseur humain » à l'âge de la pierre taillée. Son propre progrès, le perfectionnement des armes et des techniques, a mené directement à la fin de la chasse comme mode de vie, sauf dans de rares lieux où les conditions favorisaient les proies. Vint ensuite la découverte de l'agriculture dans plusieurs parties du monde, probablement par des femmes, pendant le « nouvel âge de pierre » ou néolithique. De là est née l'expérience humaine de la civilisation, d'abord par des entreprises indépendantes les unes des autres, qui, au cours de ces derniers siècles, ont fusionné (surtout par prise de pouvoir hostile) en un énorme système qui couvre et consomme la terre.

Certains signes indiquent que cette expérience, comme celle de la chasse, risque maintenant d'être victime de son propre succès. J'ai déjà mentionné les armes nucléaires et les gaz à effet de serre. La superexplosion contenue dans l'atome est évidemment plus meurtrière que les petites explosions de millions de moteurs ; mais si nous sommes malchanceux ou imprudents, tous deux pourraient mettre fin à la civilisation à l'échelle qu'on lui connaît actuellement. Des technologies beaucoup plus simples se sont révélées fatales par le passé. Parfois, les ennuis proviennent d'une invention ou d'une idée particulière ; mais ils proviennent aussi de la structure sociale, de la manière dont les gens ont tendance à se comporter lorsqu'ils se retrouvent compressés dans des sociétés urbaines, où le pouvoir et la richesse montent vers le haut et où la majorité est dominée par une minorité.

Dans le présent chapitre, je vais traiter de deux pièges qui furent tendus par le progrès : l'un sur une petite île du Pacifique, l'autre dans les plaines de l'Iraq.

J'ai déjà mentionné que les épaves de nos expériences ratées jonchent les déserts et les jungles comme autant d'avions de ligne dont les boîtes noires peuvent nous apprendre ce qui a cloché. L'archéologie est sans doute le meilleur outil dont nous disposons pour scruter l'avenir, car elle nous fournit une lecture approfondie de la direction et de l'élan de notre voyage dans le temps : ce que nous sommes, d'où nous venons, et, par conséquent, où nous sommes les plus susceptibles d'aller.

Contrairement à l'histoire écrite, souvent considérablement revue et corrigée, l'archéologie peut découvrir des faits que nous avons oubliés ou choisi d'oublier. La compréhension réaliste du passé est chose plutôt nouvelle, un fruit tardif du siècle des Lumières, encore que les gens de bien des époques aient ressenti le pouvoir d'attraction de ce que l'humaniste élisabéthain William Camden a appelé la « curiosité qui regarde en arrière ». « L'Antiquité, a-t-il écrit, a une certaine ressemblance avec l'éternité. [C'est] une gâterie de l'esprit[2]. »

Tout le monde n'avait pas l'esprit aussi ouvert en ce temps-là. Un vice-roi d'Espagne au Pérou qui venait juste de voir la capitale inca, haut perchée dans les Andes, avec ses murs géants aux pierres serties comme des gemmes, écrivait à son roi : « J'ai examiné la forteresse que [les Incas] ont bâtie [...], qui montre clairement l'œuvre du Malin [...] car cela ne semble pas possible que la force et l'adresse d'hommes aient pu la faire[3]. »

Encore aujourd'hui, certains optent pour la mystification, préférant croire que les merveilles de l'Ancien Monde ont été construites par les Atlantes, des dieux ou encore des extraterrestres plutôt que par des milliers de personnes peinant sous le soleil. Pareille façon de penser vole à nos précurseurs ce qui leur est dû et nous prive de leur expérience. Parce qu'alors on peut penser ce qu'on veut du passé sans avoir à se confronter aux ossements, aux tessons et aux inscriptions qui nous disent que, partout dans le monde, les gens ont fait et refait les mêmes progrès et les mêmes bêtises.

Environ deux siècles après l'invasion du Pérou par les Espagnols, une flotte hollandaise naviguant loin à l'ouest dans les mers du Sud, au large du Chili et sous le tropique du Capricorne, tomba par hasard sur un spectacle à peine moins impressionnant que les édifices mégalithiques des Andes. Le jour de Pâques 1722, les Hollandais aperçurent une île inconnue, tellement érodée et dénuée d'arbres qu'ils prirent ses collines stériles pour des dunes. Alors qu'ils s'approchaient, ils furent ébahis d'y voir des centaines de statues de pierre, certaines aussi hautes que les maisons d'Amsterdam. « Nous ne pouvions pas comprendre comment il avait été possible que ces gens, qui sont dépourvus de gros bois d'œuvre [ou] de cordages solides, aient néanmoins été capables d'ériger de telles images, lesquelles faisaient bien trente pieds de hauteur[4]. » Plus tard, le capitaine Cook confirmera l'aspect désolé de l'île, où il ne trouvera « point de bois à brûler et point d'eau douce dont on puisse remplir les futailles ». Il décrira les minuscules pirogues des insulaires, faites de débris de bois de grève cousus ensemble comme du cuir, comme les pires de tout le Pacifique. « La Nature, conclut-il, a répandu ses faveurs avec bien de la réserve sur ce coin de terre[5]. »

Le grand mystère de l'île de Pâques, qui a frappé tous ses premiers visiteurs, ne tenait pas uniquement à ces statues colossales occupant un coin du monde minuscule et lointain, mais au fait que ces pierres semblaient avoir été posées là sans appareil de levage, comme si elles étaient tombées du ciel. Les Espagnols, qui avaient porté au crédit du diable les splendeurs de l'architecture inca, étaient tout bonnement incapables de reconnaître les accomplissements d'une autre culture. Mais même les observateurs scientifiques ne purent, tout d'abord, expliquer les mégalithes de l'île de Pâques. Ses statues, narquoises, défiaient le sens commun.

Nous connaissons maintenant la réponse à l'énigme, et elle fait froid dans le dos. N'en déplaise au capitaine Cook, la Nature n'avait pas été inhabituellement avare de ses faveurs[6]. Des études du pollen provenant des lacs de cratère de l'île ont montré que celle-ci était jadis bien arrosée et bien verte, pourvue d'un riche sol volcanique nourrissant de denses forêts de palmiers palmyres du Chili[7], un bois d'œuvre recherché qui croît jusqu'à être aussi gros que le chêne. Aucun désastre naturel n'était venu changer cela : pas d'éruption, de sécheresse ou de maladie. La catastrophe survenue sur l'île de Pâques, ce fut l'homme.

Rapa Nui, comme les Polynésiens nomment l'endroit, fut investie au cours du Ve siècle de notre ère par des migrants venus des îles Marquises ou des îles Gambier, arrivés dans de gros catamarans chargés de la panoplie habituelle de plantes cultivées et d'animaux domestiques : chiens, poulets, rats comestibles, canne à sucre, banane, patate douce, et mûrier pour faire du tissu en fibre d'écorce[8]. (La théorie de Thor Heyerdahl voulant que l'île ait été peuplée par des gens venus d'Amérique du Sud ne trouve pas d'appui dans les travaux récents, même si des contacts sporadiques ont probablement eu lieu entre le Pérou et l'Océanie[9].) L'île de Pâques se révéla trop froide pour la culture de l'arbre à pain et du cocotier, mais elle était riche en produits de la mer : poissons, phoques, dauphins, tortues et oiseaux de mer nicheurs. En quelque cinq ou six siècles, la population s'était multipliée pour atteindre environ dix mille personnes – beaucoup de monde pour une superficie de soixante-quatre milles carrés[10]. Les insulaires bâtirent des villages de solides maisons aux fondations de pierre et convertirent les meilleures terres arables en champs cultivés. Sur le plan social, ils s'organisèrent en clans et en classes – nobles, prêtres, gens du peuple – et eurent peut-être un chef suprême ou un « roi ». Comme les Polynésiens d'autres îles, chaque clan se mit à honorer ses ancêtres en sculptant d'impressionnantes statues de pierre. Elles étaient taillées dans le tuf volcanique, à même le cratère, et installées sur des plates-formes près de la grève. Avec le temps, le culte des statues entraîna de plus en plus de rivalités et d'extravagance, atteignant son apogée pendant le haut Moyen Âge européen, alors que les Plantagenêts régnaient en Angleterre.

À chaque génération, la taille des statues grandissait, exigeant plus de poutres, de cordages et de main-d'œuvre pour être hissées sur les *ahu*, ou autels. Les arbres étaient abattus plus vite qu'ils ne pouvaient pousser, d'autant que les rats amenés par les colons en rongeaient les graines et les jeunes pousses. L'étude stratigraphique des dépôts dans les lacs de cratère révèle l'absence de pollen d'arbre dès l'an 1400 de notre ère ; les forêts avaient été complètement détruites, tant par les grands que par les petits mammifères vivant sur l'île.

On pourrait croire que dans un site insulaire où les habitants pouvaient embrasser leur domaine d'un seul coup d'œil du haut du mont Terevaka, ceux-ci prendraient des mesures pour faire cesser le déboisement, protéger les jeunes arbres et en replanter. On pourrait croire qu'à mesure que les arbres se faisaient rares l'érection de statues serait réduite et le bois d'œuvre réservé aux usages vitaux, par exemple la construction d'embarcations et de charpentes. Mais il n'en a pas été ainsi. Les Pascuans qui ont abattu le dernier arbre étaient à même de constater que c'était bel et bien le dernier ; ils avaient l'entière certitude qu'il n'y en aurait jamais d'autre, mais ils l'ont néanmoins abattu [11]. Tout ombrage a disparu de l'île, il n'est resté que les ombres tranchantes des ancêtres pétrifiés que le peuple aima d'autant plus qu'ils brisaient sa solitude.

Le temps d'une génération, ou à peu près, il resta assez de vieux bois pour hisser les grands monolithes et fabriquer quelques pirogues capables de prendre la mer. Mais vint le jour où disparut le dernier bateau en bon état. Les Pascuans surent alors qu'il ne leur restait plus pour vivre qu'une poignée de fruits de mer et, pire, qu'ils n'avaient aucun moyen d'évasion. Le mot *rakau*, qui signifie « bois », devint le plus cher de la langue. Les clans se firent la guerre pour des planches pourries et des débris d'épaves rongés par des vers. Ils mangèrent tous les chiens et presque tous les oiseaux nicheurs, et l'immobilité du paysage se fit encore plus insoutenable quand les animaux se furent tus. Désormais, il ne restait plus debout que les *moai*, ces statues géantes qui avaient dévoré l'île. Et pourtant, celles-ci promettaient le retour de l'abondance, si seulement les Pascuans conservaient la foi et les honoraient encore davantage. « Mais comment allons-nous vous transporter jusqu'au sanctuaire ? » demandaient les sculpteurs, et les *moai* de répondre que, le temps venu, elles s'y rendraient d'elles-mêmes. Alors, le son des marteaux continua de résonner dans les carrières et les parois du cratère s'animèrent de centaines de nouveaux mégalithes, de plus en plus géants à présent qu'ils ne demandaient plus d'être transportés par des hommes. Le plus grand jamais érigé sur une plate-forme mesure plus de trente pieds de hauteur [12] et pèse quatre-vingts tonnes ; le plus long jamais taillé à même la face rocheuse a soixante-six pieds de longueur [13] et pèse plus de deux cents tonnes, poids comparable à celui des plus grandes pierres travaillées par les Incas ou les Égyptiens. Sauf, bien entendu, que ces statues n'ont jamais bougé d'un pouce.

À la fin, l'île comptait plus d'un millier de *moai*, soit une pour chaque dizaine de Pascuans à l'apogée de leur gloire. Mais les beaux jours avaient fui – fui avec la bonne terre, emportée dans la mer par les vents incessants et les crues brutales. Les Pascuans avaient été séduits par une forme de progrès qui était devenu une manie, une « pathologie idéologique » comme l'appellent certains anthropologues. Lorsque les Européens arrivèrent au XVIIIe siècle, le pire était passé ; ils ne trouvèrent qu'un ou deux Pascuans vivants par statue, tristes vestiges d'un peuple qui, selon Cook [14], était jadis « petit, mince, timide et misérable ». Sans charpente pour soutenir leur toit, bien des gens vivaient maintenant dans des cavernes ; leurs seules constructions étaient les poulaillers de pierre, où ils montaient la garde jour et nuit pour protéger des larcins cette dernière protéine non humaine. Les Européens entendirent le récit de la prise du pouvoir par la classe des guerriers, des convulsions de l'île alors que brûlaient les villages, des batailles sanglantes et des festins cannibales. La seule innovation de cette période finale fut de transformer en arme l'outil qu'était auparavant la lame d'obsidienne [15] – une roche volcanique vitreuse, tranchante comme une lame de rasoir. Les dagues et pointes de lance devinrent les artefacts les plus répandus sur l'île, stockées dans des fosses comme les grenades et fusils d'assaut qu'empilent de nos jours les survivalistes.

Même cela n'était pas encore tout à fait le nadir. Entre la visite des Hollandais de 1722 et celle de Cook cinquante ans plus tard, les Pascuans se firent de nouveau une guerre intestine et, pour la première fois, ils s'en prirent aussi aux ancêtres. Cook trouva des *moai* poussées à bas de leur plate-forme, fracassées, étêtées, et les ruines jonchées d'ossements humains. Il n'y a pas d'explication fiable sur le déroulement ou les raisons de ces faits. Peut-être cela a-t-il commencé comme une atrocité ultime entre clans ennemis, à l'instar des nations européennes bombardant les cathédrales pendant la Seconde Guerre mondiale[16]. Peut-être cela a-t-il été déclenché par l'arrivée de ces étrangers bouleversant la solitude insulaire avec leurs châteaux flottants incroyablement riches et terribles. Ces gens qui possédaient du bois apportaient aussi la mort et la maladie. Les échauffourées avec les marins se terminaient souvent par une série de cadavres indigènes jonchant la grève[17].

Nous ne savons pas précisément quelles promesses les *moai* avaient faites aux Pascuans, mais il semble plausible que la découverte de l'existence d'un monde extérieur ait fait vaciller certaines illusions du culte des statues, remplaçant des croyances aveugles par un désenchantement tout aussi absolu. Quel qu'en ait été le moteur, la destruction fit rage sur Rapa Nui pendant au moins soixante-dix ans. Chaque navire étranger notait un nombre toujours plus restreint de statues encore debout, jusqu'à ce qu'aucun des géants ne subsiste sur sa plate-forme[18]. Le travail de démolition a dû être extrêmement ardu pour la poignée de descendants de ceux qui les avaient construites. Minutieux et délibéré, il évoque quelque chose de plus profond qu'une simple guerre de clans : il parle d'un peuple furieux contre ses pères irresponsables, d'une révolte contre les morts.

La leçon que Rapa Nui adresse à notre monde n'est pas passée inaperçue. Dans l'épilogue de leur ouvrage publié en 1992, les archéologues Paul Bahn et John Flenley sont explicites. « Les Pascuans, écrivent-ils, ont fait pour nous l'expérience d'une croissance démographique sans frein, du gaspillage des ressources, de la destruction de l'environnement et de la confiance aveugle en leur religion pour s'occuper de l'avenir. Le résultat fut un désastre écologique qui a mené à l'effondrement démographique. [...] Devons-nous répéter l'expérience sur [une] grande échelle ? [...] La personnalité de l'être humain ressemble-t-elle toujours à celle du bûcheron qui a abattu le dernier arbre[19] ? »

Le dernier arbre. Le dernier mammouth. Le dernier dodo de l'île Maurice. Et bientôt, peut-être, le dernier poisson et le dernier gorille. Sur la base de ce que les policiers appellent la « forme », nous sommes des tueurs en série sans rime ni raison, mais est-ce que cela a toujours été le cas et est-ce que cela doit le demeurer ? Les systèmes humains sont-ils tous condamnés à avancer en titubant sous le poids croissant de leur logique interne jusqu'à ce que celle-ci les écrase ? Comme je l'ai proposé, les réponses – et les remèdes aussi, je pense – se trouvent dans le destin des sociétés passées.

L'île de Pâques était une minicivilisation isolée dans un milieu fermé. À quel point est-elle représentative de la civilisation en général ? Dans le chapitre précédent, j'ai suggéré une définition technique : les civilisations sont des sociétés importantes et complexes reposant sur la domestication des plantes, des animaux et des êtres humains, avec des villes, des cités, des gouvernements, des classes sociales et des spécialisations. Cette définition couvre aussi bien les civilisations anciennes que modernes, mais l'île de Pâques ne répond pas à tous les critères. Restreinte, cette civilisation comptait seulement une dizaine de milliers de personnes ; elle n'avait pas de cités et sa structure politique était au mieux celle d'une chefferie, et non pas celle d'un État. Cependant, elle comportait des classes et des corps de métier (notamment les tailleurs de pierre), et ses réalisations valent celles de cultures beaucoup plus considérables[20]. Son isolement lui confère aussi un caractère d'une importance unique en tant que microcosme de systèmes plus complexes, y compris celui de la grosse île sur laquelle nous pirouettons dans l'espace. L'île de Pâques a boxé dans l'arène des grands, mais elle a boxé seule, comme devant un miroir, et nous avons pu repasser le film des coups qui l'ont mise K.-O.

Certains écrivains qui voient l'histoire en termes d'armes et de vainqueurs ont accordé trop d'importance au fait que les cultures et les continents se sont développés à divers rythmes. Ce qui me frappe et m'étonne davantage – et qui est lourd de sens pour découvrir la sorte de créature que nous sommes, nous, les humains – est le peu de temps qu'il a fallu à des peuples pour accomplir indépendamment les uns des autres, dans le monde entier, des choses très semblables, même s'ils vivaient au sein de cultures et de milieux très différents.

Il y a trois mille ans, la civilisation était déjà apparue dans au moins sept régions du globe : la Mésopotamie, l'Égypte, la Méditerranée, l'Inde, la Chine, le Mexique et le Pérou [21]. L'archéologie nous apprend que seulement la moitié de ces civilisations ont bénéficié de stimulations extérieures dans les domaines culturel et agricole [22]. Les autres se sont édifiées toutes seules à partir de rien, sans soupçonner qu'elles n'étaient pas les seules à le faire. Ce parallélisme fascinant des idées, des processus et des formes nous enseigne une chose importante : que certaines conditions d'ensemble soient réunies, et les sociétés humaines, où qu'elles soient, évoluent en accroissant leur taille, leur complexité et leurs exigences à l'égard de l'environnement.

La petite civilisation de l'île de Pâques fut l'une des dernières à se développer en toute indépendance. La plus ancienne de toutes avait été Sumer, dans ce qui est maintenant le sud de l'Iraq. Ce sont les Sumériens, dont l'origine ethnique et linguistique est mal connue, qui établirent le modèle qu'allaient suivre, entre autres, les cultures sémitiques de l'Ancien Monde [23]. Ils en sont venus à ériger en exemple le meilleur comme le pire de la vie civilisée, et nous ont parlé d'eux-mêmes sur des tablettes d'argile en caractères cunéiformes, l'un des plus anciens truchements de la voix humaine conservés, une écriture qui évoque les traces de dociles oiseaux. Ils ont fixé par écrit la plus ancienne histoire du monde, un corpus de textes intitulé *L'Épopée de Gilgamesh*, compilé à « Uruk aux fortes murailles » à peu près en même temps qu'étaient édifiés Stonehenge et les premières pyramides d'Égypte. Les légendes que nous connaissons par l'entremise de la Bible hébraïque – le jardin d'Éden, le Déluge… – apparaissent sous des formes antérieures dans *Gilgamesh*, avec d'autres récits sans doute considérés comme trop lestes pour être inclus dans le Pentateuque. L'une de ces légendes, l'histoire d'Enkidu, homme sauvage attiré à la ville par « une prostituée, une fille de joie », fait penser à notre transition de la vie de chasseur à la vie urbaine :

> […] et maintenant les bêtes sauvages s'étaient toutes enfuies. Enkidu était devenu faible car la sagesse était en lui et des pensées d'homme habitaient son cœur. Ainsi il revint, s'assit aux pieds de la femme et écouta attentivement ce qu'elle dit : « Tu es sage, Enkidu, et maintenant tu es devenu semblable à un dieu. Pourquoi veux-tu être sauvage avec les bêtes des collines ? Viens avec moi, je te mènerai à Uruk aux fortes murailles, au temple béni d'Ishtar et d'Anu, de l'amour et du ciel : là vit Gilgamesh, qui est très fort. Comme un taureau sauvage, il règne sur les hommes [24]. »

Dans le dernier chapitre, nous avons laissé le Moyen-Orient peu après que l'agriculture fut apparue dans les terres qu'on a souvent appelées le Croissant fertile. À travers toute l'histoire humaine, ces terres ont constitué le carrefour de l'Afrique, de l'Europe et de l'Asie. Déjà à l'âge de la pierre taillée, les Néandertaliens et les hommes de Cro-Magnon se sont disputé ce territoire pendant cinquante mille ans, se déplaçant vers le nord ou vers le sud au gré des fluctuations climatiques et se repoussant sans doute à tour de rôle. Je soupçonne que s'il était possible de se mettre à l'écoute des bulletins d'actualités préhistoriques du Moyen-Orient, à presque n'importe quelle période nous le trouverions bouillonnant de créativité et de conflits, tel que nous le connaissons depuis le début de la période historique.

Mais c'est une erreur de croire que le Croissant fertile, si généreusement pourvu par la nature de plantes et d'animaux convenant à la domestication, se soit développé rapidement ou aisément. Même après plusieurs milliers d'années d'agriculture et d'élevage, les plus grands établissements du Moyen-Orient – Jéricho (près de la mer Morte) et Çatal Höyük (en Anatolie) – étaient encore minuscules, ne couvrant respectivement que dix et trente acres [25]. Si le jardin d'Éden eut jamais une existence géographique, c'est là qu'il se trouvait. Le serpent, toutefois, n'était pas le seul ennemi. Les fortifications, notamment celles de Jéricho, évoquent la concurrence territoriale et une présence humaine plus lourde que ne l'attestent les sites comme tels. Par ailleurs, la vie du fermier n'était ni plus facile ni plus saine que ne l'avait été celle du chasseur : les gens étaient de plus petite taille et avaient des journées de travail plus longues. D'après les sépultures de Çatal Höyük, l'espérance de vie était de vingt-neuf ans chez les femmes et de trente-quatre ans chez les hommes [26]. Dès 6000 avant J.-C., il est archéologiquement prouvé que la déforestation et l'érosion s'étaient généralisées. Les principaux coupables étaient sans doute les feux de brousse allumés sans contrôle et le surpâturage des chèvres, mais la cuisson de la chaux a contribué à détruire la zone arborée jusqu'à en faire la garrigue épineuse semi-désertique qu'on connaît aujourd'hui. En 5500 avant J.-C., nombre des plus anciens sites néolithiques avaient déjà été abandonnés [27]. Comme sur l'île de Pâques, les humains avaient pollué leur nid, ou plutôt ils l'avaient complètement dégarni. Mais contrairement aux Pascuans, ces gens-là avaient un lieu où s'enfuir et repartir à zéro.

S'étant eux-mêmes chassés de l'Éden (l'épée de feu divine est sans doute l'image des incendies allumés dans les collines), ils ont trouvé un second paradis en aval, dans la grande plaine inondable du Tigre et de l'Euphrate, la terre appelée Mésopotamie, ou Iraq. Son aspect nous est familier depuis les guerres modernes : vastes étendues sans un arbre et oasis moribondes, puits salés, tempêtes de poussière, nappes de pétrole et tanks carbonisés. Ici et là, s'effritant sous le soleil et le vent impitoyables, des montagnes de briques crues – les ruines d'antiques cités dont les noms continuent de résonner dans les tréfonds de notre culture : Babylone, Uruk et Ur des Chaldéens, la patrie d'Abraham.

Au Ve et au IVe millénaires avant J.-C., le sud de l'Iraq était un delta de chenaux marécageux grouillants de poissons, aux roseaux plus hauts que des maisons, peuplés de sangliers et d'oiseaux aquatiques, aux barres sableuses couvertes de palmiers dattiers. Une fois labouré, le sol alluvial pouvait rapporter le centuple de chaque graine, car cette terre, située à l'embouchure du golfe Persique, était toute neuve – neuve, c'est une façon de parler : le peuple qui s'y établit avait en fait suivi le même chemin que le limon de ses anciens champs dans les collines, érodé par les grands fleuves et entraîné, comme dans la Bible, hors de l'Éden [28].

Dieu avait offert une seconde chance aux enfants d'Adam et Ève, mais, dans cet Éden recyclé, ils n'allaient pouvoir se nourrir qu'à la sueur de leur front. « L'exploitation de ce paradis naturel, écrit Gordon Childe dans son ouvrage classique *The Most Ancient East*, exigeait un labeur intensif et la coopération organisée d'importants groupes humains. Le sol arable devait littéralement être créé [...] en séparant la terre de l'eau ; il fallait assécher les marais, maîtriser les crues et amener les eaux, source de vie, jusqu'au désert aride par des canaux construits de main d'homme[29]. » Il semble que, au moins dans ce cas, les hiérarchies de la civilisation aient crû en même temps qu'augmentait le besoin de contrôler les eaux[30].

D'abord éparpillés, les villages de brique crue devinrent des villes. Et dès 3000 avant J.-C., ces villes étaient devenues de petites cités, maintes fois relevées de leurs propres ruines jusqu'à ce qu'elles s'élèvent au-dessus de la plaine environnante sous la forme de ces tumulus appelés tells. Pendant presque tout le millier d'années qu'elle a duré, la civilisation sumérienne a été dominée par une douzaine de ces cités, chacune sise au cœur d'un petit État. En seulement deux occasions, un royaume unifié fut brièvement formé : d'abord par Sargon, envahisseur sémite, et, plus tard, par la Troisième Hégémonie d'Ur. On pense que les quatre cinquièmes de la population sumérienne vivaient dans des centres urbains, et que la population entière n'atteignait que le demi-million. (La population de l'Égypte contemporaine était plus rurale, et trois fois plus importante[31].)

Dans les temps anciens, la terre sumérienne était détenue par la communauté, et les gens apportaient leurs récoltes, ou à tout le moins le surplus, au sanctuaire de la cité, où le clergé s'occupait des affaires humaines et divines – surveillant les étoiles, dirigeant les travaux d'irrigation, améliorant les cultures, confectionnant la bière et le vin et bâtissant des temples toujours plus grandioses. Au fil du temps, les cités ont grandi ; couche par couche, elles ont fini par former des collines artificielles couronnées d'une ziggourat, cette pyramide typiquement mésopotamienne faite de plates-formes décroissantes, montagne sacrée régnant sur le genre humain[32]. Ce sont ces édifices que les Israélites allaient plus tard tourner en dérision dans l'épisode de la tour de Babel. Le clergé, qui avait débuté au sein des coopératives villageoises, s'éleva lui aussi verticalement, jusqu'à devenir la première grande entreprise pourvue de fonctionnaires et d'employés et chargée de « la tâche plutôt rentable d'administrer la propriété des dieux[33] ».

Si les plaines du sud de l'Iraq constituaient de riches terres agricoles, elles manquaient cependant de la plupart des autres produits qu'exige la vie urbaine. En échange de grains et de tissus, on importait donc le bois d'œuvre, le silex, l'obsidienne, les métaux et chacun des blocs de pierre utilisés pour construire, pour sculpter ou pour broyer des aliments. C'est pourquoi la charrette à roues, les attelages de bœufs et l'utilisation du cuivre et du bronze se sont développés très tôt[34]. Le commerce et la propriété devinrent hautement importants et sont restés depuis lors au cœur de la culture occidentale. Les peuples du Moyen-Orient ont adopté un point de vue de mercenaires ; leurs dieux étaient conçus comme de grands propriétaires terriens, l'homme comme un serf « œuvrant dans le vignoble du Seigneur ». Par contraste avec les écritures d'Égypte, de Chine ou de Méso-Amérique, l'écriture sumérienne ne fut pas inventée pour consigner des textes sacrés, pratiquer la divination ou composer une littérature, ni même pour servir la propagande royale, mais bien pour la comptabilité.

Avec le temps, le clergé hypertrophié se fit exploiteur, plus soucieux de ses propres intérêts que de ceux de ses humbles membres. Bien qu'il ait mis en place certains éléments du capitalisme, notamment la propriété privée, il n'y avait aucune libre concurrence du type recommandé par Adam Smith. Les entreprises sumériennes étaient des monopoles que le ciel légitimait, assez semblables aux monastères médiévaux ou aux fiefs des télévangélistes. Leur mode de vie, cependant, n'avait rien de très monastique, comme le suggère la prostitution sacrée décrite dans *Gilgamesh*[35]. Les prêtres sumériens crurent peut-être sincèrement en leurs dieux, encore que les peuples anciens ne se soient pas privés de manipuler les fidèles crédules ; au pire, ils furent les premiers racketteurs du monde, exploitant ces éternelles mines d'or que sont la protection, l'alcool et la prostitution [36].

Initialement, le clergé offrait de protéger les fidèles contre les forces de la nature et la colère des dieux. Mais à mesure qu'elles grandirent, les cités-États sumériennes se firent la guerre. Leur richesse provoquait aussi des raids de la part des peuples moins civilisés mais souvent mieux armés des montagnes et du désert. C'est ainsi qu'Uruk – qui, avec ses cinquante mille habitants répartis sur mille cent acres [37], était de loin la plus grande cité sumérienne [38] – devint la ville « aux solides murailles » qui fut sacrée merveille de son monde : « Grimpe sur le mur d'Uruk, invite Gilgamesh, parcours-le, te dis-je ; considère le terre-plein des fondations et examine la maçonnerie : n'est-ce pas de la brique cuite, et de bonne qualité [39] ? »

Après avoir inventé l'irrigation, la cité, la grande entreprise et l'écriture, Sumer ajouta au crédit de sa culture l'armée de métier et la royauté héréditaire. Les rois quittèrent le temple et emménagèrent dans leur propre palais [40], où ils forgèrent des liens personnels avec une divinité, proclamant leur statut de déité en vertu de leur ascendance céleste – une notion qui allait apparaître dans de nombreuses cultures et perdurer jusqu'aux temps modernes sous la forme du droit divin [41]. Avec la royauté apparurent de nouvelles utilisations de l'écriture, notamment l'histoire et la propagande dynastiques exaltant un unique individu. Comme le signale sèchement Bertolt Brecht dans le poème où il évoque un ouvrier contemplant les pyramides :

> Les livres sont remplis du nom des rois.
> Étaient-ce les rois qui ont traîné ces blocs de pierre escarpés ?
> Le jeune Alexandre a conquis l'Inde.
> Était-il seul ?

Dès 2500 avant J.-C., les beaux jours de la propriété détenue collectivement par la cité et le clergé s'étaient enfuis ; les champs appartenaient désormais aux seigneurs et aux grandes familles. Les gens du peuple sumérien devinrent serfs et métayers [42], et au bas de l'échelle se trouva une classe permanente d'esclaves, une caractéristique de la civilisation occidentale qui allait durer jusqu'au XIXe siècle de notre ère.

Les États s'arrogent le pouvoir de la violence coercitive : le droit de faire claquer le fouet, d'exécuter des prisonniers et d'envoyer des jeunes hommes aux champs de bataille. De cela dérive le venin que J. M. Coetzee, dans son extraordinaire roman *En attendant les barbares*, a appelé « la fleur noire de la civilisation [43] » : la torture, la détention illégale, la cruauté gratuite – la force qui prime le droit.

Au nombre des privilèges des dieux-rois de Sumer et d'ailleurs figurent divers types de sacrifices humains, y compris celui qui consiste à emmener des gens comme compagnie outre-tombe. La tombe royale d'Ur, que les archéologues appellent la « fosse de la mort », contient la première hécatombe funéraire connue de concubines, de suivants, de suivantes et des travailleurs qui l'ont construite – en tout quelque soixante-quinze hommes et femmes dont les squelettes sont alignés comme des cuillers dans un tiroir [44]. Dans le monde entier, de l'Égypte à la Grèce en passant par la Chine et le Mexique, l'idée que la vie du roi est bien plus précieuse que celle d'autres gens prendra racine maintes et maintes fois [45]. Les travailleurs qui scellent la tombe sont tués sur-le-champ par des gardes, eux-mêmes abattus par d'autres gardes, et ainsi de suite jusqu'à ce que les exécuteurs testamentaires du défunt roi jugent son lieu de repos suffisamment honoré et sûr.

Comme nous tendons à penser que l'Amérique du Nord ancienne était paysanne et libertaire, on s'étonne que l'un des exemples les plus frappants d'enterrement de serviteurs se trouve à Cahokia, une cité précolombienne à peu près de la taille d'Ur, dont les pyramides de terre sont toujours visibles près de Saint-Louis, sur le Mississippi [46].

Partout dans le monde antique, les souverains ont joué l'ultime scène politique, le sacrifice public de prisonniers. Comme le déclara franchement un roi ashanti à des Britanniques au XIXe siècle : « Si je devais abolir le sacrifice humain, je me priverais d'un des moyens les plus efficaces de garder le peuple assujetti [47]. » Les Britanniques n'avaient guère besoin de tels conseils, eux qui à l'époque ficelaient les Indiens mutinés à la bouche des canons. À chaque culture son code et ses susceptibilités. Au Mexique, les conquistadors espagnols étaient épouvantés par le massacre rituel de prisonniers à l'aide d'une lame enfoncée jusqu'au cœur. Les Aztèques étaient tout aussi horrifiés de voir des gens brûlés vifs par les Espagnols.

La violence est aussi ancienne que l'homme, mais les civilisations la commettent avec une volonté délibérée qui lui confère une horreur particulière. La « fosse de la mort » d'Ur nous laisse entrevoir les charniers à venir cinq mille ans plus tard en Bosnie, au Rwanda et tous azimuts, jusqu'à l'Iraq de Saddam Hussein, qui, à l'instar des antiques souverains de ce pays, a fait graver son nom sur les pierres servant à rebâtir leurs monuments. Par contraste avec la vie des chasseurs-cueilleurs, dans toute civilisation le prestige a toujours eu son importance. Nous avons parcouru beaucoup de chemin entre les tribus de l'âge de la pierre taillée assises autour de leur feu de camp et les sociétés dans lesquelles les uns sont des demi-dieux tandis que les autres sont tout juste bons à crever à la tâche ou à être enterrés dans les tombes de leurs supérieurs [48].

Jusqu'à l'avènement de l'agriculture mécanisée, les fermiers, qu'ils soient paysans ou esclaves, étaient dix fois plus nombreux que les membres de l'élite et les professionnels vivant des surplus agraires. En récompense, les masses survivaient à peine, trouvant consolation dans leurs coutumes et croyances. Avec un peu de chance, elles appartenaient à un pays qui, sachant au mieux servir ses intérêts, fournissait une aide publique lorsque les récoltes étaient mauvaises. L'idéal du dirigeant en tant que dispensateur et du riche généreux a survécu dans une certaine mesure, et l'on en trouve la trace dans de nombreuses langues. Le mot anglais « lord » vient de l'anglo-saxon *hlaflord*, qui signifie « celui qui garde le pain » – et qui était censé le partager. Le titre inca *qhapaq* signifiait « munificent », soit celui qui rassemble la richesse, mais qui la redistribue aussi [49]. Un autre titre de l'empereur inca était *wakchakuyaq*, ou « celui qui prend soin des démunis ». Les anciens prévenaient les chefs d'Hawaii contre l'idée de stocker de la nourriture ou des biens : « Les mains du Arii doivent toujours être ouvertes ; c'est sur cela que repose son prestige [50]. » Et l'on a dit des empereurs chinois que leur premier devoir était de nourrir leur peuple. La vérité est que la Chine, comme la plupart des sociétés agraires, a titubé d'une famine à l'autre jusqu'aux temps modernes [51]. La sécurité alimentaire était aussi rare par le passé qu'elle l'est aujourd'hui dans le tiers-monde. La plupart des États antiques n'avaient pas la capacité d'entreposage ou de transport requise pour réagir à autre chose qu'une crise mineure. Les Incas et les Romains étaient probablement ceux qui réussissaient le mieux à secourir les affamés, et ce n'est pas une coïncidence que les deux aient été de vastes empires s'étalant sur plusieurs zones climatiques et possédant de bons greniers, de bonnes routes et de bonnes voies navigables.

Dépendant d'un seul écosystème et privée de hauts plateaux, une petite civilisation comme celle de Sumer était particulièrement vulnérable aux inondations et aux sécheresses. À l'époque, de tels désastres étaient considérés comme des « actes de Dieu » (ou des dieux) ; c'est d'ailleurs encore le cas de nos jours. Comme nous, les Sumériens pressentaient confusément que l'activité humaine était aussi à blâmer. Les plaines inondables étaient forcément inondées un jour ou l'autre, mais la déforestation des grands bassins versants en amont rendait les inondations beaucoup plus féroces et meurtrières qu'elles ne l'auraient été autrement. Les terrains boisés, avec le tapis de végétation en sous-canopée, les mousses et l'humus, agissent comme d'énormes éponges qui absorbent l'eau de pluie et la laissent s'infiltrer lentement dans les terres en aval ; les arbres boivent l'eau et l'expirent dans l'air sous forme de gaz. Mais là où la forêt primitive et son sol ont été détruits par les coupes, le brûlis, le surpâturage ou le labourage, le sous-sol cuit en une couche dure par temps chaud et ruisselle par temps de pluie. Il en résulte des crues brutales transportant parfois une telle charge de limon et de gravier qu'elles se précipitent au bas de ravins abrupts comme une coulée de ciment liquide. Une fois que les eaux atteignent la plaine inondable, leur course ralentit, elles déchargent leur gravier et s'étalent telle une marée brune qui suinte jusqu'à la mer.

En Mésopotamie, des forces alluviales stupéfiantes sont à l'œuvre. Au cours des cinq mille ans qui ont suivi la naissance de Sumer, les fleuves jumeaux ont comblé quatre-vingts milles [52] du golfe Persique. Dans les temps anciens, le site de Basra, deuxième ville actuelle de l'Iraq, était en pleine mer [53]. Les plaines de Sumer font plus de deux cents milles [54] de largeur. Lors d'une inondation d'une envergure inhabituelle – comme il en arrive une fois par siècle –, un roi se tenant debout sous la pluie dans un temple fondant sous ses pieds n'aurait vu que de l'eau entre lui-même et la ligne d'horizon.

Non seulement Adam et Ève se sont eux-mêmes bannis du paradis, mais le paysage érodé qu'ils ont laissé derrière eux a préparé le terrain pour le Déluge de Noé [55]. Dans les premiers temps, lorsque les cités-tumuli étaient peu élevées et facilement inondées, seul un bateau aurait pu servir de refuge. Racontée à la première personne par un homme du nom d'Utnapishtim, la version sumérienne de la légende sonne juste, avec des détails frappants sur des pluies exceptionnelles et des digues brisées [56]. On peut voir là non seulement la matrice de la légende biblique, mais aussi le premier récit fait par un témoin oculaire d'une catastrophe environnementale attribuable à l'homme :

> En ce temps-là, le monde regorgeait de tout ; les gens se multipliaient [...]. Enlil entendit la clameur et il dit aux dieux assemblés : « Le vacarme de l'humanité est intolérable, et la confusion est telle qu'on ne peut plus dormir. » Ainsi les dieux furent-ils d'accord pour exterminer l'humanité [57].

Enlil, dieu de l'Orage, est l'instigateur ; d'autres se joignent à lui, notamment Ishtar, la déesse de l'Amour et reine des cieux (une ancêtre de Marie en moins virginal). Mais Ea, dieu de la Sagesse, avertit Utnapishtim en songe : « Détruis ta maison et construis un bateau, abandonne tes biens et cherche la vie [...], rassemble à l'intérieur du bateau la semence de tous les êtres vivants. »

> Le temps était écoulé, le soir venait, le cavalier de l'orage lançait la pluie. Je regardai au-dehors le temps qu'il faisait ; c'était effrayant, alors moi aussi j'embarquai et voligeai le bateau. [...] À la première lueur de l'aube, un nuage noir vint de l'horizon ; il tonna là où Adad, le maître de l'orage, chevauchait. [...] Alors les dieux de l'abîme surgirent ; Nergal retira les digues des eaux inférieures, Ninurta, le seigneur de la guerre, jeta à bas les barrages, [...] le dieu de l'orage changea la lumière du jour en obscurité quand il mit la terre en miettes comme une simple coupe [...]
> Pendant six jours et six nuits les vents soufflèrent, le torrent, la tempête et l'inondation accablèrent le monde. [...] Quand l'aube du septième jour se leva [...] je regardai la face du monde, et c'était le silence, toute l'humanité était changée en argile. La surface de la mer s'étendait aussi plate que le sommet d'un toit ; j'ouvris une écoutille et la lumière tomba sur mon visage. Alors, je m'inclinai profondément, je m'assis et je pleurai [...], car de tous les côtés c'était le désert de l'eau.

Utnapishtim lâche des oiseaux pour trouver la terre. Lorsque les eaux commencent à baisser, il brûle de l'encens pour attirer les dieux, mais ses paroles laissent entendre que ce qui les attire vraiment est la puanteur des cadavres dans la boue : les dieux, dit-il, « s'assemblèrent comme des mouches au-dessus du sacrifice ». Contrairement à Jéhovah et à son arc-en-ciel, les déités sumériennes ne font aucune promesse. Ishtar élève son collier et dit seulement qu'elle se souviendra. Enlil aperçoit le bateau et devient furieux : « Un de ces mortels en a-t-il réchappé ? Personne ne devait survivre à la destruction. » Alors Ea, qui a donné l'avertissement et sauvé les animaux, réprimande Enlil pour son acte et entonne un chant plaintif :

> Il eût mieux valu qu'un lion ait ravagé l'humanité
> Plutôt que l'inondation [...]
> Il eût mieux valu que la famine ait dévasté le monde
> Plutôt que l'inondation [...]

Ea aurait dû prendre garde de ne pas souhaiter n'importe quoi. Lorsque Sir Leonard Woolley fouilla Sumer entre les deux guerres mondiales, il écrivit : « À ceux qui ont vu le désert mésopotamien, [...] le monde antique semble presque incroyable devant le contraste complet entre le passé et le présent. [...] Si Ur était la capitale d'un empire, si Sumer fut un jour un vaste grenier, pourquoi la population a-t-elle dépéri, pourquoi le sol même a-t-il perdu ses vertus [58] ? »

La réponse à sa question tient en deux mots : le sel. Les fleuves dissolvent le sel contenu dans la roche et le sol, et le transportent à la mer. Mais des eaux détournées par l'irrigation vers des terres arides s'évaporent en grande partie, et le sel reste derrière. L'irrigation entraîne aussi l'engorgement des sols et permet aux eaux souterraines saumâtres de monter par capillarité.

Sans bon drainage, longues périodes de jachère et pluies suffisantes pour rincer les terres, l'irrigation ne produit que des marais salants.

Le sud de l'Iraq était l'une des régions les plus favorables à l'irrigation, mais l'une des plus difficiles pour l'y maintenir : l'un des pièges les plus séduisants jamais posés par le progrès. Après quelques siècles de récoltes surabondantes, le sol prit sa revanche. Le premier signe des problèmes à venir fut le déclin des récoltes de blé, une culture dont le comportement sert d'indicateur. Avec le temps, les Sumériens durent remplacer le blé par l'orge, plus tolérante au sel. Dès 2500 avant J.-C., le blé ne représentait plus que 15 % des récoltes et quatre cents ans plus tard, Ur en avait abandonné la culture.

Comme ils ont été les premiers à construire l'un des plus grands systèmes d'irrigation du monde, les Sumériens ne peuvent guère être blâmés pour n'avoir pas prévu les conséquences de leur nouvelle technologie. Toutefois, la situation a certainement empiré sous les pressions politiques et culturelles. Tant que leur population était peu importante, les cités ont pu contourner le problème en allongeant les périodes de jachère, en abandonnant les champs devenus stériles et en mettant d'autres parcelles en culture, fût-ce au prix d'efforts et de coûts toujours plus grands. Après le milieu du IIIe millénaire, aucune nouvelle terre n'était plus disponible. La population était alors à son maximum, la classe dirigeante de plus en plus hiérarchisée, et des guerres chroniques exigeaient le maintien d'armées permanentes, ce qui est presque toujours le signe et la cause d'ennuis. Comme les Pascuans, les Sumériens n'ont pas réussi à réformer leur société afin d'en réduire l'impact sur l'environnement [59]. Au contraire, ils ont essayé d'intensifier la production agricole, particulièrement pendant l'empire akkadien (vers 2350-2150 avant J.-C.) et pendant leur chant du cygne, sous la Troisième Hégémonie d'Ur, tombée en 2000 avant J.-C.

L'empire d'Ur, de courte durée, montre le même comportement qu'on a vu sur l'île de Pâques : adhérer à des croyances et des pratiques inflexibles, hypothéquer l'avenir pour donner au présent, gaspiller les dernières réserves du capital naturel en une irresponsable frénésie de richesses et de gloire. Les canaux furent agrandis, les périodes de jachère raccourcies, la population augmenta, et le surplus économique fut concentré vers Ur et ses grandioses projets d'urbanisme. Il en résulta quelques générations de prospérité (pour les dirigeants), suivies d'un effondrement dont le sud de la Mésopotamie ne s'est jamais remis [60].

En 2000 avant J.-C., des scribes rapportaient que la terre « était devenue blanche [61] ». Toutes les cultures étaient déficitaires, l'orge y compris. Les rendements tombèrent au tiers de leurs taux d'origine. Les mille ans passés par les Sumériens au soleil de l'histoire arrivaient à leur terme. Le pouvoir politique se déplaça vers le nord, vers Babylone et l'Assyrie, puis, longtemps après, sous l'Islam, vers Bagdad. Le nord de la Mésopotamie est mieux drainé que le sud, mais là aussi le même cycle de dégradation allait se reproduire, empire après empire, jusqu'aux temps modernes. Personne, semble-t-il, n'était disposé à tirer des leçons du passé. Aujourd'hui, au moins la moitié des terres irriguées d'Iraq sont devenues salines ; c'est la plus grande proportion au monde, suivie par celle de deux autres centres de civilisation des plaines inondables, l'Égypte et le Pakistan [62].

Quant aux cités antiques de Sumer, une poignée d'entre elles devenues de simples villages ont subsisté tant bien que mal, mais la plupart furent complètement abandonnées. Même quatre mille ans plus tard, la terre qui les entoure demeure acide et stérile, encore blanchie par la poussière du progrès. Ur et Uruk avaient créé elles-mêmes le désert dans lequel elles s'élèvent aujourd'hui.

4. MACHINATIONS PYRAMIDALES

Dans les forêts du Yucatán et du Belize vit une tentatrice ravissante mais sinistre que les Mayas appellent Xtabay. À sa vue, les chasseurs solitaires qui ont passé trop de temps dans les bois deviennent fous de désir. Ils l'aperçoivent au travers du feuillage et ne peuvent que la suivre, sans se soucier du soir qui tombe. Ils la talonnent, s'approchant si près qu'ils perçoivent son parfum sauvage et la caresse délicieuse de ses longs cheveux. À leur réveil (à supposer qu'ils se réveillent, car bon nombre ne sont jamais revenus), ils se retrouvent couverts d'entailles sanglantes, la culotte baissée, complètement perdus.

Sexe, nourriture, richesse, pouvoir, prestige : tout cela nous incite à l'action, nous pousse à avancer. On peut aussi y ajouter le progrès comme tel, dans son acception moderne d'objets matériels sans cesse améliorés, une notion issue de la révolution industrielle et qui en est devenue l'article de foi par excellence [1]. L'île de Pâques et Sumer, ces deux sociétés antiques dont j'ai esquissé plus haut la carrière, n'entretenaient probablement pas une telle notion du progrès, mais n'en ont pas moins été séduites et ruinées par leurs propres désirs.

Sont-elles vraiment représentatives de l'ensemble des civilisations ? La civilisation est-elle intrinsèquement incapable d'adaptation, est-elle une entreprise vouée à l'échec par sa propre dynamique ? Les ruines jonchant la terre paraissent l'affirmer. Et pourtant, la présence de la civilisation moderne partout dans le monde semble contredire le passé.

Notre civilisation est-elle l'exception qui a maté Xtabay et qui vivra pour toujours avec elle dans un bonheur parfait ?

Dans le présent chapitre, je vais analyser les deux cas les plus célèbres d'effondrement interne : la chute de Rome au IVe siècle de notre ère, et celle, au IXe siècle, de la civilisation maya classique ; puis j'examinerai brièvement deux vivaces rustiques : l'Égypte et la Chine. Les civilisations romaine et maya furent beaucoup plus tardives, importantes et, au moins dans le cas de Rome, complexes que celle de Sumer. À l'exemple des Sumériens, les Mayas classiques vivaient en une constellation de cités-États rivales, mais avec à leur apogée une population dix fois plus importante, se chiffrant en tout à cinq ou sept millions [2]. À son zénith, l'Empire romain régnait sur quelque cinquante millions de personnes, le quart de la race humaine de l'époque.

Les Mayas et les Romains n'avaient aucun lien entre eux. Leur civilisation est née en même temps, mais dans les laboratoires distincts de l'Ancien et du Nouveau Monde. Cela les rend utiles dans la compréhension des comportements humains qui transcendent des spécificités telles que le temps, le lieu et la culture, ce qui, à mon avis, peut nous aider à répondre à deux des questions de Gauguin : *Que sommes-nous ?* et *Où allons-nous ?*

L'île de Pâques et Sumer ont anéanti leur civilisation si méthodiquement et se sont effondrées si durement qu'elles sont effectivement parvenues à l'extinction [3]. En revanche, Rome et les Mayas ont réussi à survivre sous une forme « médiévale » simplifiée, laissant derrière elles des descendants directs qui font partie du monde actuel. Les héritiers de Rome ont été l'empire de Byzance et les peuples européens qui parlent des dialectes modernes du latin. Les Mayas n'étaient pas des bâtisseurs d'empire, et la renaissance qu'ils auraient pu connaître a été prévenue par l'invasion espagnole au XVIe siècle. Pourtant, on a exagéré la mort de leur culture. Huit millions de personnes parlent aujourd'hui une langue dérivée de la langue maya – à peu près le même nombre que pendant la période classique – et nombre d'entre eux pratiquent des formes distinctement mayas d'organisation sociale, de croyances, d'art et de calendrier astrologique [4].

L'un des personnages de mon roman dystopique *A Scientific Romance* qualifie la civilisation de « machination pyramidale », expression que j'ai reprise quelques années plus tard dans le titre d'un article qui contenait en germe le présent ouvrage [5]. La pyramide de pierre ou de brique, qui peut aussi prendre la forme d'une statue, d'un tombeau ou d'un gratte-ciel abritant des bureaux, est le signe extérieur et visible de la pyramide sociale humaine. À son tour, la pyramide humaine est soutenue par une pyramide moins visible, la chaîne alimentaire et toutes les ressources de l'écologie environnante, également nommées son « capital naturel ».

L'histoire de Rome et des Mayas montre aussi, je pense, que les civilisations se comportent souvent comme ces ventes pyramidales qui ne prospèrent que par la croissance. Elles concentrent la richesse en leur centre à partir d'une périphérie toujours plus lointaine, frontière d'un empire politique et commercial ou colonisation de la nature par l'utilisation intensive de ses ressources, ou les deux.

Une telle civilisation est donc fortement instable à son apogée, lorsqu'elle exige le maximum de son environnement. À moins que n'apparaisse une nouvelle source de richesse ou d'énergie, elle n'a plus de marge de manœuvre pour accroître la production ou absorber le choc des fluctuations naturelles. Son seul moyen de progresser est de continuer à hypothéquer la nature et l'humanité.

Quand la nature décide de saisir le bien ainsi hypothéqué – par l'érosion, des récoltes déficitaires, la famine et la maladie –, le contrat social s'effrite. La population pourra souffrir stoïquement pendant un moment, mais, tôt ou tard, la relation entre le souverain et le paradis s'avère illusion ou mensonge. Alors, les temples sont pillés, les statues renversées, les barbares invités, et on voit l'empereur nu s'enfuir par une fenêtre du palais.

Je dois opérer une distinction entre un véritable effondrement et des bouleversements politiques tels que les révolutions française, russe et mexicaine. Bien que le mauvais usage des terres et la faim aient joué un rôle important dans ces bouleversements, leur cause première était l'épuisement du capital social plutôt que celui du capital naturel. Une fois ces sociétés réorganisées, la civilisation a non seulement poursuivi sa course, mais elle s'est développée. Un véritable effondrement résulte de l'extinction ou de la quasi-extinction d'une société, lors de laquelle le peuple meurt ou s'exile en très grand nombre. Le rétablissement, quand il a lieu, prend des siècles, car il exige la régénération du capital naturel, et les forêts, l'eau et le sol arable se reconstituent lentement.

Imaginez le monde pendant l'âge d'or de Rome, à la veille de l'an 180, lorsque meurt Marc Aurèle et que va commencer la longue agonie du déclin. Pendant les deux millénaires écoulés depuis la chute de Sumer, des civilisations ont fleuri tout autour de la terre. Poursuivant sa course dans une journée typique du IIe siècle, le soleil se serait levé sur la dynastie Han de Chine, aurait éclairé des stupas bouddhistes dans l'Inde de l'empire Maurya, aurait brillé sur les amas de briques des ruines des vallées de l'Indus et de l'Euphrate, et mis plus de deux heures à franchir le lac romain de la Méditerranée. Lorsque midi aurait sonné à Gibraltar, les fidèles auraient accueilli l'aube au sommet des pyramides sur les hauts plateaux du Mexique, dans la jungle guatémaltèque et les vallées irriguées du Pérou. Pendant son périple vers l'ouest, au-dessus du Pacifique, il n'aurait brillé sur aucune cité ni sur aucun temple, mais même là-bas, de Fiji aux îles Marquises, première pierre du gué polynésien dans l'hémisphère océanique, on commençait déjà à planter et à bâtir.

Athènes avait perdu son éclat dès le IVe siècle avant J.-C., mais Alexandre avait eu le temps de répandre la culture grecque et ses colonisateurs depuis les Dardanelles jusqu'au nord de l'Inde. L'Égypte, la civilisation la plus conservatrice de tous les temps, avait connu des périodes d'effritement et de renouveau, mais conservait son caractère antique derrière sa façade européenne le long du delta du Nil.

Au IIe siècle de notre ère, affirme Edward Gibbon dans *L'Histoire du déclin et de la chute de l'Empire romain*, « l'empire de Rome embrassait la majeure partie de la terre et la portion la plus civilisée de l'humanité [6] ». Les peuples d'ascendance non européenne pourraient contester cette affirmation, mais Gibbon avait certainement raison lorsqu'il ajoutait que la chute de Rome « ne serait jamais oubliée et continue d'être ressentie par les nations de la terre ». Les héritiers de Rome et les Mayas de l'âge classique finirent par se rencontrer lorsque les Espagnols envahirent le Nouveau Monde. Tous les empires européens et néo-européens, comme les États-Unis [7], ont tenté de prendre modèle sur des idéaux qu'ils imaginaient classiques, même si la Rome véritable fut loin d'être le règne de la puissance et de l'ordre que laisse imaginer l'architecture de marbre poli qu'elle a laissée derrière elle [8]. Comme n'importe quelle autre société, les Romains ont titubé de crise en crise, établissant tant bien que mal les règles au fur et à mesure. À vrai dire, la démocratie anglophone doit autant aux Anglo-Saxons qu'à l'Antiquité.

Dans le chapitre précédent, j'ai mentionné que le premier village agricole du monde était apparu dans les hautes terres du Croissant fertile, ou Moyen-Orient, et que l'humanité s'était elle-même bannie de cet Éden au VIe millénaire avant J.-C. en mettant la terre à nu. Des milliers d'années plus tard, la même triste histoire s'est répétée dans le bassin de la Méditerranée, surtout dans les terrains montagneux jadis couverts de forêts primitives, un écosystème dont il ne subsiste aujourd'hui presque aucune trace. Une fois de plus, les principaux coupables dans toute la Grèce, le sud de l'Italie, le sud de la France et l'Espagne furent les incendies, les chèvres et les coupes à blanc. Un troupeau de chèvres ne fournit pas seulement du lait et de la viande, c'est un capital sur pattes qu'on accumule dans les beaux jours, mais qu'on vend ou consomme au besoin. Capables de prospérer presque partout, les chèvres créent souvent un milieu dans lequel pas grand-chose ne survit, à part elles-mêmes.

Les forêts peuvent supporter le brûlage et la coupe jusqu'à un certain point, mais si trop d'herbivores y sont présents, ceux-ci consomment les jeunes pousses tandis que les arbres adultes meurent de sénescence. Les populations d'herbivores sauvages sont régulées par leurs prédateurs, l'être humain y compris. Mais les éleveurs gardent souvent tant d'animaux que le surpâturage est constant[9]. En période de surpopulation et de pauvreté rurale, le pâturage est souvent suivi du labourage, la houe ou la charrue donnant au sol le coup de grâce, un spectacle commun de nos jours dans le monde dit « en voie de développement[10] ».

Les Athéniens ont commencé à s'inquiéter de la déforestation au début du VIe siècle avant J.-C. À cette époque, les populations urbaines de Grèce croissaient rapidement, la plus grande partie du bois d'œuvre avait déjà été coupée, et les pauvres cultivaient des collines dénudées par les chèvres avec des résultats désastreux. Si les Sumériens n'ont pas été conscients de la destruction causée par leur méthode d'irrigation avant qu'il ne soit trop tard, les Grecs, eux, ont compris ce qui se passait et ont tenté de faire quelque chose. Réalisant que la pauvreté rurale et l'aliénation des terres par les nobles et puissants Athéniens étaient la cause de bien des ennuis, Solon, homme d'État de l'an 590 avant J.-C., interdit l'esclavage pour dettes et l'exportation de denrées alimentaires ; il tenta aussi de proscrire l'agriculture pratiquée sur des pentes trop raides. Une génération plus tard, Pisistrate, un autre dirigeant d'Athènes, accorda des subventions pour la plantation d'oliviers, ce qui aurait pu constituer une mesure efficace de réhabilitation, surtout combinée à l'aménagement de terrasses [11]. Mais, comme de nos jours, le financement et la volonté politique ne furent pas à la hauteur de la tâche. Quelque deux cents ans plus tard, Platon, dans *Critias*, son dialogue inachevé, brosse un portrait saisissant des dégâts, qui montre d'ailleurs une connaissance pénétrante du rapport entre l'eau et la forêt :

> [...] ce qui reste à présent, comparé à ce qui existait alors, ressemble à un corps décharné par la maladie. Tout ce qu'il y avait de terre grasse et molle s'est écoulé [...] parmi les montagnes, il en est qui ne nourrissent plus que des abeilles, il n'y a pas bien longtemps qu'on y coupait des arbres. [La terre] recueillait aussi les pluies annuelles et ne perdait pas comme aujourd'hui l'eau qui s'écoule de la terre dénudée dans la mer, [...] la terre était alors épaisse et recevait l'eau dans son sein et la tenait en réserve dans l'argile imperméable, [...] elle alimentait en tous lieux d'abondantes sources et de grosses rivières. Les sanctuaires qui subsistent encore aujourd'hui près des sources qui existaient autrefois portent témoignage de ce que j'avance à présent [12].

Ce n'est pas une coïncidence si le pouvoir et les accomplissements de la Grèce ont commencé à pâlir à peu près à cette époque. L'archéologie révèle un scénario semblable ailleurs autour de la Méditerranée. Le sud de l'Italie et la Sicile étaient couverts de forêts jusque vers 300 avant J.-C., mais celles-ci ont rapidement rétréci au fur et à mesure que Rome et d'autres cités grandissaient, exigeant d'énormes quantités de bois d'œuvre, de charbon et de viande. Encore une fois, il faut blâmer le bétail et les pratiques de tenure des terres. Dans plusieurs bassins versants, le sol a été érodé des collines vers les estuaires dans des proportions énormes, formant des marécages infestés de malaria et causant l'envasement de ports comme Ostie et Paestum. Rome n'allait pas encore s'effondrer avant bien des siècles, de sorte que cette première dégradation ne fut évidemment pas assez grave pour ruiner l'économie, mais elle explique la diminution de la production agraire, la dépendance accrue à l'égard des céréales importées et le déclin rural au cœur de l'Italie. Un peu avant notre ère, le poète Ovide écrivait :

> Mais la terre donnait mieux : des moissons venues sans soc recourbé,
> Et des fruits et du miel cueilli au creux des chênes.
> Personne ne fendait le sol avec la charrue brutale
> Et aucun arpenteur n'y traçait des limites.
> Pas de mouvements de rames, qui s'enfoncent et soulèvent la mer :
> Sa rive était pour le mortel la borne ultime.
> Contre toi-même, nature humaine, tu as été des plus habiles
> Et tu t'es trop bien ingéniée à te nuire :
> À quoi t'a-t-il servi de ceindre les villes de murailles et de tours ?
> À quoi t'a-t-il servi d'armer des mains rivales [13] ?

Jusqu'à l'époque de Jules César, les conquêtes de Rome étaient essentiellement converties en entreprises privées. Les citoyens romains qui partaient à la guerre en revenaient avec du butin, des esclaves et un pactole de tributs levés pour leur compte par des agents locaux dont les méthodes incluaient l'extorsion et le prêt usurier. Cicéron prétend que Brutus a prêté de l'argent à une ville cypriote [14] à un taux d'intérêt de 80 % – de toute évidence une pratique répandue qui annonçait déjà la dette du tiers-monde.

Patriciens ou nouveaux riches, ces soldats de la fortune, de retour à Rome, entendaient jouir de leurs gains et en faire étalage. Il en résulta un boom foncier dans tout le territoire accessible autour de la capitale. Les paysans étaient expropriés et exilés sur des terres incultes, ce qui entraîna des conséquences environnementales semblables à celles que Solon avait constatées à Athènes. Les exploitations familiales ne pouvaient soutenir la concurrence avec de grands domaines exploités par des esclaves ; elles faisaient faillite ou étaient forcées de vendre, et les jeunes hommes de rejoindre les rangs de la légion. Les anciennes communes de la paysannerie romaine furent aliénées encore moins légalement. Comme à Sumer, les terres publiques passèrent bientôt à des mains privées, situation que les Gracques tentèrent de corriger par une réforme agraire à la fin du IIe siècle avant J.-C. Toutefois, la réforme échoua, les communes furent perdues, et l'État dut calmer les classes inférieures en leur donnant du blé, une solution qui devint de plus en plus coûteuse à mesure qu'augmentait le prolétariat. Sous le règne de Claude, deux cent mille familles romaines étaient inscrites au chômage [15].

L'une des ironies révélatrices de l'histoire de Rome est que la démocratie indigène de la cité-État s'évanouit à mesure que grandissait l'Empire. Le véritable pouvoir passa du Sénat aux mains enthousiastes de commandants comme Jules César, qui dominaient des armées et des provinces entières. Il faut dire qu'en contrepartie du pouvoir César donna à Rome des réformes intelligentes – un précédent souvent invoqué par les despotes impatients de contourner la loi. « La nécessité, écrit Milton, est toujours le prétexte des tyrans [16]. »

Les anciennes civilisations étaient généralement de deux types, celui de la cité-État ou celui de l'empire centralisé, et les deux ont existé indépendamment dans l'Ancien comme dans le Nouveau Monde [17]. Lorsque l'empire éclipsa la république, Rome passa du premier type de régime au second. (Une évolution semblable a eu lieu ailleurs et en d'autres temps, mais elle n'est nullement inévitable. Plusieurs pays modernes, notamment le Canada et les États-Unis, présentent des caractéristiques des deux types.)

Quelques années après le meurtre de Jules César et une autre série de guerres civiles, le Sénat conclut un accord avec le petit-neveu de César, Octave, qui prit le nom d'Auguste et instaura le nouveau régime du principat. Les mesures qu'il adopta n'étaient censées valoir que pour la durée de sa vie. En théorie, il était premier magistrat et la république était toujours en vigueur. En réalité, c'était l'avènement d'une nouvelle ère de quasi-monarchie [18]. L'Empire avait abandonné les institutions de sa cité fondatrice.

Auguste et nombre de ses successeurs se révélèrent des dirigeants adroits et avisés. La plupart de ces derniers comprirent, comme lui, que le temps était venu de consolider et d'unifier l'Empire. Le rêve belliciste de reconquérir les domaines d'Alexandre fut discrètement abandonné [19]. À l'est, la frontière fut fixée à l'Euphrate, au Rhin et au Danube. Les autres grandes frontières étaient naturelles : les déserts du Sahara et d'Arabie, et la côte de l'Atlantique.

Malgré diverses perturbations, l'ordre instauré par Auguste allait durer près de deux siècles ; puis l'empire d'Occident allait mettre deux cents ans de plus à mourir. Rome, sa capitale, continua de croître bien après que ses dominions eurent commencé à s'effilocher aux coutures ; comme à l'époque moderne, l'agitation dans les provinces poussait le peuple vers le centre. La population de Rome fut sans doute à son maximum à peu près au moment où Constantin scindait son empire, au IVe siècle de notre ère. Qu'elle ait atteint le million, comme certains le prétendent, ou la moitié de ce nombre, c'était néanmoins la plus grande ville du globe, surpassant ses contemporaines de Chine et du Mexique, dont chacune comptait plusieurs centaines de milliers d'habitants [20].

Les mégapoles sont un phénomène récent qui dépend du transport mécanisé. À l'époque d'Henri VIII, les plus grandes villes d'Europe occidentale, Paris, Londres et Séville, comptaient à peu près cinquante mille personnes chacune, comme Uruk à l'époque de Gilgamesh. À la mort de la reine Victoria, seules seize villes dans le monde avaient un million ou plus d'habitants ; de nos jours, il y en a au moins quatre cents [21]. Toutes les villes de l'âge préindustriel étaient confrontées au problème quotidien de l'approvisionnement en vivres et de l'évacuation des ordures, que le cheval et la charrette n'arrivaient pas nécessairement à résoudre. La meilleure solution était le transport par un réseau de canaux, comme à Venise ou dans la ville aztèque de Mexico [22].

La vérité est plutôt déplaisante : jusqu'au milieu du XIXe siècle, la plupart des villes étaient des pièges mortels, grouillants de vermine et de maladies. L'espérance de vie moyenne dans l'ancienne Rome n'était que de dix-neuf à vingt ans, bien moins élevée qu'à Çatal Höyük à l'époque néolithique [23], mais un peu meilleure que dans le « Pays noir » d'Angleterre, que Dickens a si vivement dépeint, où elle chutait à dix-sept ou dix-huit ans [24]. Sans un influx constant de soldats, d'esclaves, de marchands et de migrants pleins d'espoir, ni la Rome antique ni Londres à l'époque de la révolution industrielle n'auraient pu poursuivre leur accroissement démographique. Rome a connu plusieurs pandémies graves, peut-être d'origine asiatique. Bien que celles-ci aient causé des problèmes de main-d'œuvre et de fiscalité, il se peut qu'elles aient retardé le déclin de l'Empire en réduisant la pression sur les terres.

Il existe toute une gamme d'explications pour la chute de Rome – la peste, l'empoisonnement au plomb, les empereurs fous, la corruption, les barbares, le christianisme –, ce à quoi Joseph Tainter, dans son livre sur les effondrements sociaux, a ajouté la loi de Parkinson. Les systèmes complexes, soutient-il, succombent inévitablement à la baisse des rendements. Toutes autres choses étant égales, le coût même de la gestion et de la défense d'un empire devient finalement si lourd qu'il est plus efficace de renverser toute la superstructure impériale et de retourner à des formes locales d'organisation. À l'époque de Constantin, l'armée impériale comptait plus d'un demi-million d'hommes, une charge énorme grevant le trésor, dont les revenus dépendaient surtout de l'agriculture, compte tenu qu'on avait accordé des exemptions fiscales à nombre des grands propriétaires terriens.

La solution adoptée par le gouvernement fut de dévaluer la monnaie utilisée pour payer la solde ; le denier finit par contenir si peu d'argent qu'il en devint une sorte de papier-monnaie. Il s'ensuivit une inflation à la Weimar. Une mesure de blé égyptien, qui se vendait un demi-denier dans les beaux jours de l'Empire, en coûtait cent mille en 338 de notre ère. Au début du IVe siècle, il fallait quatre mille pièces d'argent pour acheter un *solidus* d'or ; à la fin du siècle, il en fallait cent quatre-vingts millions [25]. Usés par l'inflation et des impôts iniques, les citoyens se mirent à émigrer chez les Goths [26].

Comme la société romaine était lettrée, nous connaissons tous ces malheurs, parce qu'ils affectaient aussi les hautes strates de la pyramide humaine. Mais sous les maux du corps politique s'étendait la dégradation constante de la pyramide naturelle soutenant tout l'édifice. Les fouilles archéologiques, en Italie et en Espagne, ont révélé l'érosion avancée des sols consécutive à l'activité agricole intensive de l'époque impériale, qui fut suivie par l'effondrement de la population et l'abandon des cultures jusqu'à la fin du Moyen Âge [27].

L'Empire appauvrissait les sols du sud de l'Europe, si bien que Rome exporta sa pression environnementale dans ses colonies et en vint à dépendre des céréales de l'Afrique du Nord et du Moyen-Orient. Les conséquences sont encore visibles aujourd'hui dans ces régions. Antioche, capitale de la Syrie romaine, dort sous une couche de quelque trente pieds d'argile [28] apportée par l'érosion des collines dépouillées de leurs forêts, et les grandes ruines libyennes de Leptis Magna s'élèvent maintenant au milieu d'un désert [29]. Les greniers à blé de l'ancienne Rome sont devenus un amas de sable et de poussière.

Bien entendu, cela n'est qu'une partie de l'histoire. Rome régnait sur de nombreux territoires, et l'environnement n'a pas partout été exploité de façon aussi destructive. Au nord des Alpes, l'Europe demeura peu peuplée, car son climat était humide et ses sols argileux convenaient mal aux charrues grossières de l'époque. La Londres romaine ne couvrait qu'un mille carré [30], et la station thermale de Bath, dont les murs ont impressionné un poète saxon qui y voyait « une chose royale [...] l'œuvre de géants [31] », ne couvrait que deux douzaines d'acres [32].

L'histoire médiévale confirme l'évidence archéologique : l'Empire romain a connu le pire déclin en son centre, le Bassin méditerranéen, qui supportait la plus grosse charge environnementale. Le pouvoir se déplaça alors vers la périphérie, où les envahisseurs germaniques, notamment les Goths, les Francs et les Angles, fondèrent de petits États autochtones sur les terres nordiques que Rome n'avait pas épuisées.

Quant à la grande cité, pillée et abandonnée, elle devint l'enjeu d'incessantes guerres barbares et papales. Sa population ne pourrait atteindre de nouveau le demi-million avant le XXe siècle.

Pendant que Rome conquérait le quart de l'humanité, un autre quart – celui qui vivait dans les Amériques – se livrait, comme je l'ai dit, à des expérimentations sociales similaires [33]. Pendant le Ier millénaire de notre ère, la civilisation dite de Chavín diffusa son style artistique très orné dans une bonne partie du Pérou [34]. Peu après la naissance du Christ, les temples de pierre de Tiwanaku, l'une des plus hautes cités jamais bâties [35], s'élevaient près du lac Titicaca, à une altitude de près de treize mille pieds [36].

La plus grande ville des Amériques à l'apogée de l'Empire romain était Teotihuacán, au cœur du Mexique, l'un des rares centres urbains du monde pouvant alors rivaliser avec Rome. Couvrant huit milles carrés [37], avec sa grande avenue cérémonielle flanquée de pyramides à degrés et s'étirant dans l'axe de son plan quadrillé, sa configuration était plus grandiose que celle de Rome, encore que sa population ait été moindre [38].

La civilisation méso-américaine avait émergé vers 1200 avant J.-C. avec les Olmèques du golfe du Mexique ; leur architecture, leur sculpture et leurs mathématiques ont inspiré tant Teotihuacán que les Mayas, un peuple vivant au Guatemala, au Yucatán et au Honduras depuis au moins quatre mille ans [39]. Selon les archéologues, la période maya classique aurait débuté vers 200 avant J.-C. avec l'avènement de la royauté et des inscriptions royales, mais la civilisation maya avait été établie bien avant cela. Un glyphe datant de 400 avant J.-C. a été découvert, et certains des plus imposants temples mayas jamais construits l'ont été dans le courant du IIe siècle avant J.-C., à Calakmul et El Mirador [40]. Les fondations de l'un de ces édifices couvrent vingt-deux acres [41], une envergure de la taille de la Bath romaine [42].

L'image typique que nous nous faisons des Mayas – celle qui apparaît à la fin du premier film de la série *Star Wars* – est celle de temples émergeant comme des gratte-ciel délabrés des frondaisons vert émeraude de la jungle. La scène a été tournée aux ruines de Tikal, la plus importante cité maya de la fin de la période classique, qui est devenue un sanctuaire pour des centaines d'espèces d'oiseaux et d'animaux rares, notamment l'ocelot et le jaguar. Il y a mille deux cents ans, lorsque ces temples étaient encore utilisés quotidiennement, la jungle y était sans doute presque inexistante. Comme un roi de Sumer au sommet de sa ziggourat, le seigneur de Tikal pouvait laisser planer son regard sur un paysage artificiel : un centre urbain dense comprenant une demi-douzaine de temples atteignant deux cents pieds [43] de hauteur, puis des palais et des banlieues, puis des champs et des fermes s'étalant jusqu'à l'horizon, où la silhouette des villes voisines se découpait sur le ciel.

Comme dans d'autres systèmes de cités-États, la civilisation maya était dynamique, et féconde sur les plans artistique et intellectuel. Les Mayas de la période préclassique (et les Olmèques) ont été les premiers peuples du monde à mettre au point la numération avec le concept de zéro. Cette notion mathématique qui nous semble si évidente aujourd'hui n'a été inventée que deux fois dans l'histoire. Elle a échappé aux Grecs et à toute l'Europe, jusqu'à ce que le système arabe (mis au point en Inde vers 600 de notre ère) évince les encombrants chiffres romains à la fin du Moyen Âge [44]. La Méso-Amérique fut aussi l'un des trois ou quatre lieux au monde où fut inventée une écriture, que les Mayas développèrent en un système phonétique et un système de glyphes [45]. (Les autres furent Sumer, la Chine et peut-être l'Égypte ; ailleurs, soit les systèmes d'écriture sont dérivés de ces dernières, soit leur invention a été stimulée par la présence d'une écriture dans une société voisine [46].)

Utilisant leur arithmétique avancée pour établir un calendrier qu'ils ont appelé « compte long », les Mayas ont étudié les mystères du temps, transcrit les événements astronomiques et formulé des calculs mythologiques loin dans le passé et dans l'avenir – parfois sur des millions d'années [47]. Les calendriers sont une forme de pouvoir ; Jules César, qui a donné son nom au mois de juillet, le savait bien. Seulement trois écrits mayas anciens subsistent, mais ils suffisent à révéler l'astronomie la plus exacte qui ait existé jusqu'à la Renaissance en Europe, époque où le calendrier julien avait déjà dix jours de décalage par rapport au soleil.

Le contrat social entre les rois mayas et leurs sujets était que, grâce à leur savoir et à un rituel particulier, les dirigeants maintenaient la terre en accord avec le ciel afin d'assurer de bonnes récoltes et la prospérité. Ils réussirent au-delà de toute espérance. À l'apogée de la période classique, au VIIIe siècle de notre ère, les populations rurales étaient aussi denses que dans l'Asie du Sud-Est préindustrielle [48]. À lui seul, le royaume de Tikal comprenait peut-être un demi-million de personnes, selon la définition de ses frontières [49]. Les autres États – une douzaine d'importants, et peut-être cinquante de plus – étaient beaucoup plus petits et semblent avoir été organisés en fonction d'alliances instables, système assez proche de celui en vigueur dans les États modernes.

La plupart des Mayas vivaient sur des exploitations agricoles. Même loin des villes, leur nombre pouvait atteindre cinq cents personnes au mille carré [50] de sol fertile [51]. Comment la fragile écologie d'une forêt tropicale humide qu'on croit avoir été défrichée par le feu a-t-elle pu supporter une telle densité de population ? Cette question a longtemps mystifié les chercheurs. On sait maintenant que les Mayas pratiquaient l'agriculture intensive dans des marécages, suivant la méthode dite des « champs surélevés », aménagés au sein d'un réseau de canaux et de drains qu'on fermait pour assécher la terre pendant la saison des pluies et qu'on ouvrait pour l'irriguer pendant la saison sèche. Ces canaux servaient à l'élevage de poissons et le produit du dragage servait d'engrais, avec le compost et les eaux usées. Comme le disaient par euphémisme les colons de l'époque victorienne en Inde, les champs mayas étaient « autofertilisants [52] ».

Comme la plupart des petites sociétés, les villes mayas ont d'abord été communautaires, mais la pyramide sociale familière s'est élevée en même temps que les pyramides de pierre. Et bien entendu, la nature devait en supporter tout le fardeau. L'étude d'anciens pollens confirme qu'à mesure que croissaient les villes la jungle périssait sous les coups des haches de pierre. Les champs de maïs s'étendaient, et en même temps que les arbres reculaient disparaissait le gibier, source principale de protéines pour les Mayas en-dehors du poisson, de la dinde et, à l'occasion, du chien à la peau glabre. Dès le milieu de la période classique, seuls les membres de la classe supérieure des plus grands États consommaient régulièrement de la viande.

Chaque cité avait un style distinct. Copan a produit des sculptures très élaborées – les effigies de ses rois rayonnant d'ordre et de raffinement –, qu'Aldous Huxley[53] a comparées aux ivoires chinois. Les palais de Palenque étaient légers et originaux, ornés de bas-reliefs et de stucs finement ciselés. Tikal devint une ville verticale et massive, avec les édifices les plus hauts d'Amérique jusqu'au XIXe siècle – un Manhattan de gratte-ciel Arts-Déco. (La ressemblance n'est pas imaginaire, car l'architecture maya a influencé les styles modernes, en particulier la forme des premiers gratte-ciel et l'œuvre de Frank Lloyd Wright[54].)

Maintenant que nous pouvons les lire, les inscriptions mayas ont dissipé nos préjugés d'une vie noble et sereine pendant la période classique. Mis à part de grandioses explorations du temps cosmique, les textes publics n'étaient rien d'autre que de la propagande royale, célébrant naissances, accessions au pouvoir, morts, victoires et coups d'État. Dans le courant du VIIIe siècle, quand les ennuis commencèrent à couver, les déclarations se firent plus stridentes, trahissant une ruée vers le pouvoir et les ressources dans un monde qui diminuait comme peau de chagrin. Le militarisme s'affirmait, les anciennes alliances s'écroulaient, les dynasties devenaient instables, la classe dirigeante exaltait ses propres mérites en échafaudant des projets extravagants. Il avait fallu mille cinq cents ans pour construire Tikal, mais toutes les tours qui surveillent encore la forêt environnante ont été édifiées au cours du dernier siècle de vie de la cité, fleurs dispendieuses épanouies à la veille de son effondrement [55].

Lorsque les grandes cités vacillent, les arrivistes assurent leur emprise, comme cela s'est produit en Grèce pendant les guerres du Péloponnèse. Les fouilles de la ville maya de Dos Pilas, qui avait futilement ambitionné de prendre le pouvoir au milieu du VIIIe siècle, nous ont donné un aperçu de ses derniers jours ; massé dans l'esplanade centrale, le peuple arracha les pierres des temples pour ériger des barricades. Tout aussi poignantes sont les peintures murales de la petite ville de Bonampak, qui avait commandé une série de fresques commémorant une grande victoire dans les années 790 [56]. Conçue de main de maître, la scène de la bataille est l'une des plus vivantes de l'art ancien : après la victoire, les prisonniers sont exposés, sanguinolents, sur les marches du temple, tandis qu'un défilé de musiciens et de femmes nobles présente un héritier au royaume. Cela fait tellement nouveau riche. Et c'est tellement concis. Les fresques ne furent jamais achevées ; les scribes n'ont jamais écrit l'épopée glorieuse ; aucune légende n'apparaît sous les scènes, dont le silence traduit plus fidèlement la vérité que tout ce qu'on aurait pu y lire.

En l'an 810, Tikal enregistrait ses dates ultimes [57]. Une à une, les cités se turent, aucune autre inscription ne fut portée sur les monuments jusqu'au 18 janvier 909 (10.4.0.0.0 pour les Mayas), dernière date gravée à Toniná, et la prodigieuse machine calendaire du compte long s'arrêta de tourner [58].

Qu'est-ce qui avait cloché ? Comme dans le cas de Rome, les suspects habituels ont été examinés : guerre, sécheresse, maladie, épuisement du sol, invasion, perturbation du commerce, révolte paysanne. Certains de ces événements sont trop soudains pour expliquer un effondrement qui avait pris plus d'un siècle. Toutefois, bon nombre d'entre eux pourraient avoir découlé d'un malaise écologique. Une fois de plus, les études des sédiments montrent une érosion généralisée. Pas de chèvres à blâmer ici, mais le cumul de petites pertes année après année peut mener à la faillite. Les haches de pierre sont moins tranchantes que l'acier et les houes moins agressives que la charrue, mais en nombre suffisant elles aboutissent tôt ou tard au même résultat.

La fertilité de la forêt tropicale est surtout dans ses arbres. Le déboisement qui se déroule de nos jours en Amazonie montre que l'humus tropical peut être détruit en l'espace de quelques années. Les Mayas comprenaient l'importance du sol et l'ont mieux conservé que ne le font les colons d'aujourd'hui avec leurs tronçonneuses, mais, au bout du compte, la demande a quand même dépassé l'offre. David Webster, qui a fouillé plusieurs sites importants et récemment écrit un ouvrage sur la chute des Mayas, déclare au sujet de la plus grande des cités-États : « L'explication la plus convaincante dont nous disposions sur l'effondrement du royaume de Tikal est la surpopulation et l'échec agricole, avec tout ce que cela a pu entraîner de conséquences politiques[59]. »

Sa conclusion vaut aussi pour la plupart des basses terres du centre. La belle cité maya de Copan, qui s'élève dans une vallée du Honduras entourée de collines abruptes, est tombée dans un piège bien connu, un piège qui coûte des millions d'hectares au monde aujourd'hui. D'abord modeste village établi sur un sol fertile près d'un fleuve, modèle traditionnel qui, au début du moins, était sans danger, elle a de plus en plus construit sur ses meilleures terres au fur et à mesure de sa croissance. Les fermiers en ont été réduits à exploiter le sol fragile des collines, qui n'était plus retenu par la forêt coupée à blanc. Tandis que la cité s'éteignait, tant de limon fut érodé des pentes que des maisons et des rues entières se retrouvèrent noyées sous la vase[60].

Les ossements humains exhumés des sites de la période classique montrent un écart grandissant entre riches et pauvres, les nantis devenant plus grands et plus corpulents tandis que les paysans souffraient de rachitisme. Vers la fin, toutes les classes sociales semblent avoir subi un déclin général sur le plan de la santé et de l'espérance de vie. Si nous pouvions examiner des momies mayas, nous les trouverions sans doute infestées de parasites et portant les stigmates de la malnutrition, comme celles des anciens Égyptiens. D'après Webster, à l'apogée de l'âge d'or de Copan, pendant le long règne du roi Yax Pasaj, « l'espérance de vie était courte, la mortalité élevée, et les gens étaient souvent malades, mal nourris et d'apparence chétive [61] ».

Les vestiges urbains révèlent qu'au cours d'un siècle et demi la population de Copan est passée d'environ cinq mille à vingt-huit mille personnes, atteignant son maximum en l'an 800 de notre ère ; elle est restée élevée pendant un siècle, a décliné de moitié en cinquante ans, et, en l'an 1200 de notre ère, il n'en restait presque plus rien. Nous ne pouvons attribuer ces variations à des immigrations ou à des émigrations massives, car on retrouve un modèle très semblable dans toute la zone maya. Le graphique, observe Webster, « ressemble de près au cycle de prospérité et de débâcle associé aux [...] populations d'animaux sauvages [62] ». Il aurait pu le comparer à un phénomène plus proche de nous : la multiplication par cinq de la population de Copan en seulement un siècle et demi est exactement le boom démographique qu'a connu le monde moderne, qui a bondi d'un milliard deux cent mille en 1850 à six milliards en 2000.

Certains chercheurs attribuent l'effondrement maya à une grave sécheresse qui serait survenue au IXe siècle. Pourtant, à cette époque, plusieurs régions avaient déjà commencé de péricliter [63]. À leur apogée, au VIIIe siècle, les grandes cités mayas de l'intérieur tournaient à la limite de leur capacité. Elles avaient déjà encaissé tout leur capital naturel. La forêt était coupée, les sols épuisés, la population trop dense. Et le développement urbain a fait empirer les choses, car il exigeait encore plus de terres et de bois d'œuvre. Leur situation était instable, et elles étaient vulnérables à toute défection des systèmes naturels. Même une sécheresse ordinaire comparable à celles qu'avaient endurées les Mayas auparavant aurait alors constitué le coup final de la chute plutôt que sa cause[64].

À mesure que la crise prenait de l'ampleur, la réaction des dirigeants ne fut pas de chercher une nouvelle voie, de réduire les dépenses royales et militaires, d'essayer de réhabiliter les terres à l'aide du terrassement ni d'encourager le contrôle des naissances (dont les Mayas connaissaient peut-être le moyen). Non, ils se braquèrent et continuèrent de faire ce qu'ils avaient toujours fait, mais en pire. Ils construisirent des pyramides encore plus hautes, donnèrent encore plus de pouvoir aux rois, exploitèrent encore davantage les masses, partirent guerroyer encore plus loin. Exprimé en termes modernes, l'élite maya devint extrémiste, ou ultra-conservatrice, pressant jusqu'à sa dernière goutte le citron de la nature et de l'humanité.

Des quatre cas que nous avons examinés jusqu'ici, deux d'entre eux, l'île de Pâques et Sumer, n'ont pu se rétablir, parce que leur écologie était incapable de se régénérer. Les civilisations de Rome et des Mayas, elles, se sont lourdement effondrées au cœur de leurs territoires, là où la pression sur leur environnement était la plus accablante, mais ont laissé derrière elles des vestiges de sociétés dont les descendants se sont reproduits jusqu'à nos jours. Pendant un millier d'années de faible population, le sol végétal a pu se reconstituer dans les deux pays, avec l'aide des cendres volcaniques et des pandémies[65]. L'Italie n'est quand même pas l'île de Pâques, ni le Guatemala Sumer[66].

Cependant, une énigme demeure : si les civilisations sont si souvent les artisans de leur propre ruine, pourquoi l'expérience de la civilisation est-elle globalement une réussite ? Si Rome n'a pu réussir à nourrir sa population sur le long terme, comment se fait-il que pour chaque personne vivant sur terre à l'époque des Romains il y en ait trente aujourd'hui ?

La régénération naturelle et les migrations humaines constituent une partie de la réponse. Les civilisations anciennes étaient locales et vivaient d'écologies particulières. Lorsque l'une d'elles disparaissait, une autre naissait ailleurs. De vastes pans de la planète n'étaient encore que très peu peuplés. Un film de la terre tourné en accéléré depuis l'espace montrerait des civilisations éclatant comme des feux de brousse dans une région après l'autre, certaines isolées et spontanées, d'autres transportées ailleurs au cours des siècles telles des étincelles sur le vent de la culture. Ranimées de leurs cendres, quelques-unes ont connu un deuxième âge d'or dans un lieu favorable après une longue période d'éclipse.

Un autre aspect de la réponse est que, même si la plupart des civilisations ont épuisé la nature et se sont effondrées en un millier d'années ou à peu près, ce ne fut pas le cas de toutes. L'Égypte et la Chine ont continué de briller sans utiliser tout leur carburant naturel pendant plus de trois mille ans. Qu'est-ce qui les rend différentes ?

L'Égypte, comme l'a écrit Hérodote, était « un don du Nil », dont les crues irriguaient chaque année ses champs et y déposaient une nouvelle couche de limon. Les collines désertiques qui bordent le fleuve ont fixé dès le départ des limites à l'agriculture. Il n'y avait là ni pentes boisées ni jungles fertiles pour susciter un boom démographique sur un humus fugace[67]. Le Nil et son delta n'offraient que quinze mille milles carrés[68] de terre arable, une aire en forme de lotus, de la taille de la Hollande et dont la tête toucherait la mer. Aussi conservatrices que la culture égyptienne elle-même, les méthodes agraires étaient simples et tiraient profit du cycle naturel des eaux plutôt qu'elles ne l'entravaient [69]. L'étroitesse et le drainage de la vallée du Nil ont ralenti la salinisation qui a empoisonné Sumer ; et, contrairement aux Mayas ou à nous-mêmes, les anciens Égyptiens étaient généralement assez sages pour ne pas construire sur les terres agricoles [70].

La croissance démographique de l'Égypte a été inhabituellement lente. Tout au long des périodes pharaonique, romaine et arabe, elle est restée bien en deçà de la moyenne mondiale. Il lui fallut trois mille ans, du Haut-Empire jusqu'au règne de Cléopâtre, pour passer de moins de deux millions à six millions, et elle resta à ce niveau jusqu'au XIXe siècle, lorsque commença l'irrigation moderne [71]. Nous pouvons en déduire que six millions de personnes, soit quatre cents habitants au mille carré [72], constituaient la capacité limite des terres agricoles du Nil, une limite sévèrement imposée par la famine et les épidémies de paludisme lorsque le fleuve ne suffisait pas à la tâche [73]. La nature a forcé l'Égypte à vivre selon ses moyens, mais les moyens des Égyptiens étaient ceux d'un étudiant entretenu à l'étranger par ses parents, comblés qu'ils étaient chaque année par le Nil aux dépens d'autres peuples d'agriculteurs vivant en amont sur les hauts plateaux éthiopiens.

La Chine elle aussi reçut plus que sa juste part de sol arable, encore que celle-ci ait pris la forme d'un montant forfaitaire plutôt que d'une allocation annuelle. Bien avant l'avènement de l'agriculture, les vents secs soufflant sur la masse continentale qu'était alors l'Eurasie en avaient emporté le sol arable exposé par le retrait des glaciers et l'avaient déposé sur la Chine sous la forme d'un lœss, limon à la couleur fauve qui a donné son nom au Huang He, le fleuve Jaune. Les sédiments se superposent ainsi en couches épaisses de centaines de mètres sur les plateaux fertiles, entaillés çà et là par des gorges escarpées, ou s'étalent plus bas, dans la plaine alluviale. Cette terre s'est montrée d'une indulgence presque sans bornes, l'érosion ne servant qu'à exposer une nouvelle couche de bon terreau [74]. La civilisation débuta en Chine plus de mille ans après celle de l'Égypte, mais elle l'a bientôt surpassée et s'est répandue dans d'autres zones climatiques. Au zénith de l'empire Han, la Chine régnait sur cinquante millions de personnes de la Mongolie au ViêtNam, soit le même nombre que son lointain partenaire commercial contemporain, Rome [75].

La chute de la dynastie Han au IIIe siècle de notre ère est attribuable à des causes politiques plutôt qu'écologiques. La Chine se revitalisa sans tarder, adoptant les nouvelles idées de l'Inde et étendant vers le sud la culture en rizières, l'une des méthodes agraires les plus productives jamais inventées.

Toutefois, à examiner de plus près l'Égypte et la Chine, nous les trouverions moins stables qu'elles ne le semblent de loin. Vers 2000 avant J.-C., par exemple, une série d'inondations dans les basses terres du Nil a entraîné la famine et des révoltes qui ont renversé le Haut-Empire. En Chine aussi, des paysans affamés se sont rebellés contre l'élite oppressive. En une occasion lourde d'ironie sociale, ils ont ouvert la tombe de l'empereur et utilisé les armes volées à son armée en terre cuite pour renverser la dynastie Qin.

En dépit de telles perturbations et des tueuses récurrentes que sont la famine et la maladie, la générosité de l'environnement, en Chine comme en Égypte, a permis à la culture de se remettre avant d'avoir perdu les progrès acquis [76].

« Une culture, a dit W. H. Auden, n'est pas meilleure que ses forêts. » Afin que la terre produise plus de nourriture, les civilisations ont mis au point de nombreuses techniques, certaines durables, d'autres non. La leçon que je tire du passé est la suivante : la santé de la terre et de l'eau – et celle des arbres, qui sont les gardiens de l'eau – est la seule base qui assure à long terme la survie et le succès de toute civilisation.

En fin de compte, la jungle maya s'est reconstituée à partir des lambeaux subsistant dans les zones tampons entre les cité-États qui avaient péri. Une famille occupant un palais vide de Tikal – comme l'ont fait certaines après sa chute – aurait vu les broussailles et les jeunes arbres envahir les anciens champs, elle aurait vu des buissons pousser dans les rues, elle aurait entendu la voix hésitante des animaux sauvages revenant dans leur ancien territoire. Témoin du lent retour de la fertilité et songeant à ses éventuelles promesses, elle aurait peut-être dit avec Kafka : « Il y a de l'espoir, mais pas pour nous. »

5. LA RÉBELLION DES USTENSILES

J'ai un faible pour les graffitis cyniques. En voici un qui s'applique aux périls du progrès : « Chaque fois que l'histoire se répète, le prix augmente. » L'effondrement de la première civilisation de la terre, celle de Sumer, n'a affecté qu'un demi-million de personnes. La chute de Rome en a touché des dizaines de millions. Si la nôtre devait se révéler un échec, la catastrophe se chiffrerait en milliards.

Jusqu'ici nous avons examiné quatre sociétés anciennes – Sumer, Rome, les Mayas et celle de l'île de Pâques – qui, en plus ou moins mille ans, ont épuisé les dons de la nature puis se sont écroulées. J'ai aussi mentionné deux exceptions, l'Égypte et la Chine, qui, elles, sont encore dans la course depuis plus de trois mille ans.

Dans son ouvrage sur l'effondrement des sociétés du passé, Joseph Tainter a donné un sobriquet à trois sortes d'ennuis : la locomotive qui s'emballe, le dinosaure et le château de cartes. Ils surviennent habituellement de concert[1]. À Sumer, l'irrigation était certainement un train emballé sur une trajectoire désastreuse que nul ne pouvait dévier ; parce qu'ils n'ont pas réussi à s'attaquer aux problèmes, les dirigeants méritent l'épithète de « dinosaures », et la chute rapide et irréparable de la civilisation montre qu'elle n'était pas plus solide qu'un château de cartes.

On peut en dire à peu près autant des autres échecs. Nous faisons face à quelque chose de plus profond que d'occasionnelles erreurs. L'invention de l'agriculture est en soi un train qui s'est emballé, menant à l'accroissement sans bornes des populations, mais réussissant rarement à résoudre le problème de la faim à cause de deux conséquences inévitables ou quasi inévitables. La première est biologique : la population augmente jusqu'à ce qu'elle atteigne la limite de son approvisionnement alimentaire. La seconde est sociale : toutes les civilisations deviennent hiérarchiques, et la concentration des richesses vers le haut fait en sorte qu'il n'y en a jamais assez pour tout le monde. L'économiste Thomas Malthus a analysé le premier dilemme, tandis que nombre de penseurs, du Christ jusqu'à Marx, ont abordé le second. Comme le dit le proverbe chinois : « Un paysan doit rester longtemps la bouche ouverte sur la colline avant qu'un canard lui tombe tout rôti dans le bec. »

La civilisation est une expérience, un mode de vie très récent dans la carrière de l'humanité, et celle-ci a la fâcheuse habitude de tomber dans ce que j'appelle les pièges du progrès. Un petit village établi sur de bonnes terres en bordure d'un fleuve, ça marche ; mais quand le village devient une ville qui bétonne les bonnes terres, cela ne marche plus. Là où la prévention aurait pu être facile, le remède peut se révéler impossible : on ne déplace pas facilement une cité. Cette inaptitude sinon à prévoir, du moins à contrôler les conséquences à long terme est peut-être inhérente au genre humain, le fruit de millions d'années passées à vivre au jour le jour du produit de la chasse et de la cueillette. Ou cela n'est peut-être rien de plus que le mélange d'inertie, de cupidité et de sottise favorisé par la pyramide sociale. Étant donné la concentration du pouvoir au sommet des sociétés de grande envergure, l'élite a un intérêt personnel à préserver le *statu quo*, car elle continue ainsi de prospérer dans les temps difficiles, longtemps après que l'environnement et le peuple ont commencé à souffrir.

Bien que la terre soit jonchée des épaves des civilisations passées, globalement, l'entreprise a néanmoins continué à prendre de l'ampleur.

Les chiffres (dans la mesure où on peut les estimer) se répartissent comme suit : la population mondiale est d'environ deux cents millions à l'apogée de Rome, au IIe siècle de notre ère ; elle se monte à quelque quatre cents millions en 1500, lorsque l'Europe atteint les Amériques [2] ; on l'estime à un milliard en 1825, quand s'ouvre l'ère du charbon, et à deux milliards en 1925, quand commence celle du pétrole ; en l'an 2000, elle atteint six milliards. L'accélération est encore plus stupéfiante que la croissance elle-même. Après Rome, il a fallu treize siècles pour ajouter deux cents millions au compte global ; il n'a fallu que trois ans pour ajouter les derniers deux cents millions [3].

Nous avons tendance à considérer notre époque comme exceptionnelle, et elle l'est en effet. C'est l'esprit de clocher, le fait de garder les yeux fixés sur la balle plutôt que sur le match, qui est dangereux. Absorbés dans l'ici et maintenant, nous perdons de vue notre itinéraire dans le temps et oublions de nous poser la dernière des questions de Paul Gauguin : *Où allons-nous ?* Puisque tant d'époques précédentes se sont heurtées aux limites naturelles, comment se fait-il que notre train emballé (en supposant qu'il s'agisse bien de cela) ait pu continuer à prendre de la vitesse ?

J'ai suggéré plus haut que les civilisations de la Chine et de l'Égypte ont connu une vie exceptionnellement longue parce que la nature les avait généreusement pourvues de terre végétale que le vent et l'eau avaient apportée d'ailleurs. Il faut tout de même aussi créditer l'ingéniosité humaine. Le nombre de bouches qu'un hectare de terre peut nourrir et le nombre d'années où il peut continuer à le faire ne dépendent pas uniquement de la fertilité naturelle. Peu à peu, la civilisation a effectivement perfectionné ses techniques agricoles. Dans l'épais terreau de l'Europe du Nord, l'agriculture mixte faisant usage du fumier animal et humain dans les champs s'est révélée durable sans limite de temps. La rotation des cultures et l'emploi d'engrais « verts » (plantes fixatrices d'azote enfouies dans le sol par le labourage) ont considérablement accru les rendements au début des temps modernes. Le développement de la culture du riz en Asie a été hautement productif, et l'étagement précis des rizières a permis une exploitation durable du sol des collines. La civilisation islamique de l'Espagne a non seulement transmis la science des Anciens à l'Europe du haut Moyen Âge, elle a aussi réparé le paysage érodé que les Romains avaient laissé derrière eux par l'aménagement d'oliveraies en terrasses et de systèmes d'irrigation complexes. Dans les Andes, les Incas et pré-Incas ont développé une agriculture d'altitude efficace sur des terrasses soutenues par des murets de pierre, arrosées par des cours d'eau glaciaires et fertilisées avec le guano d'anciennes colonies d'oiseaux de mer extrait des îles arides du littoral. Des études des terrasses andines exploitées depuis mille cinq cents ans n'ont montré aucune perte de fertilité [4].

La régularité de telles améliorations dans les méthodes agraires peut expliquer une augmentation régulière de la population, mais non le grand boom démographique de ces quelques derniers siècles. La mécanisation et l'assainissement peuvent expliquer, de leurs côtés, les dernières étapes du boom, mais non ses débuts, qui précédèrent la mécanisation agricole et la santé publique. Le point de départ se situe environ un siècle après Colomb, alors qu'on commençait à digérer les fruits étranges de la conquête espagnole. L'Europe avait reçu le plus grand des cadeaux lorsque la moitié de la planète, pleinement développée mais presque sans protection, lui était soudain tombée entre les mains.

Si l'Amérique avait été un milieu entièrement sauvage, les envahisseurs n'en auraient pas tiré grand-chose pendant bien longtemps. Il leur aurait fallu pour chaque champ défricher la forêt, importer et adapter chaque culture, découvrir chaque mine et tailler chaque route à travers des déserts et des étendues vierges de tout sentier. Mais ce monde inconnu avait déjà connu sa propre révolution néolithique et avait bâti sur une base agricole une série de civilisations d'une grande richesse.

Les trois Amériques formaient un univers complexe fort semblable à l'Asie, fourmillant de monde : entre quatre-vingt et cent millions de personnes, soit entre le cinquième et le quart de la race humaine. Les plus grandes puissances, en 1500, étaient l'Empire aztèque, un système de cités-États dominé par la conurbation connue sous le nom de Mexico, et l'Empire inca, ou Tawantinsuyu[5], qui s'étendait sur trois mille milles[6] le long de l'échine des Andes et de la côte du Pacifique. Chacun d'eux comptait environ vingt millions de personnes, c'est-à-dire se situait à mi-échelle entre Égypte et Rome antiques[7]. Avec un quart de million de citoyens, la capitale aztèque était alors la plus grande cité des Amériques et l'une des six plus grandes cités au monde. L'Empire inca était moins urbain, mais étroitement organisé, avec quatorze mille milles[8] de routes pavées, une économie dirigée et de vastes projets de terrassement et d'irrigation réalisés par une main-d'œuvre à revenu imposé plutôt que par des esclaves. Bien qu'il fût loin d'être le paradis des travailleurs, il en prit bientôt l'aspect aux yeux de ceux qui survécurent au régime espagnol[9]. Tous les deux jeunes héritiers de leurs prédécesseurs, ces empires auraient pu vivre encore pendant des siècles si les étrangers n'étaient pas venus[10], mais ils attendaient les maraudeurs tels des vergers regorgeant de fruits mûrs.

Les historiens de l'environnement Alfred Crosby et William McNeill ont montré dans les années 1970 que les vrais conquérants du Nouveau Monde furent les maladies, ces tueuses que sont la variole, la peste bubonique, la grippe et la rougeole. Elles débarquèrent avec les Européens (qui y étaient résistants) et agirent comme des armes biologiques, fauchant d'emblée les chefs d'État et au moins la moitié de la population du Mexique et du Pérou [11]. « Les miraculeuses victoires des conquistadors, écrit Crosby, sont en grande partie les victoires du virus [de la variole] [12]. » En dépit de leurs armes et de leurs chevaux, les Espagnols ne firent aucune conquête majeure dans l'intérieur avant que l'épidémie de variole n'ait balayé le pays. Jusque-là, les Mayas, les Aztèques, les Incas et les Indiens de Floride avaient tenu en échec les premières attaques des envahisseurs [13].

Il y a quelques années, le Pentagone a concocté une arme à la Dr Folamour, qu'on a baptisée la « bombe à neutrons » ; elle devait être lâchée bien haut au-dessus des villes russes, de sorte que la flambée de radiations puisse tuer les gens mais laisse leurs propriétés indemnes [14]. L'arme des pandémies que possédaient les envahisseurs européens a eu exactement le même effet en Amérique. N'allez pas croire que le Nouveau Monde est tombé sans se battre : les batailles de Mexico et de Cuzco figurent au nombre des plus acharnées de l'histoire [15]. Mais une fois que le voile épidémiologique fut déchiré, la population déclina au point de ne pouvoir défendre ce que ses ancêtres avaient bâti en dix mille ans. « Ils mouraient en masse, comme des punaises », écrit un moine de Mexico [16].

Sauf dans la Grande Prairie et dans les régions les plus froides, même l'Amérique du Nord, en 1500, n'était pas sauvage. Hollywood a bien tenté de nous persuader que l'Indien « typique » était un chasseur de bisons, mais toutes les zones tempérées des États-Unis (le sud-ouest, le sud-est et le nord jusqu'au Missouri et aux Grands Lacs) étaient densément occupées par des peuples d'agriculteurs. Lorsque les Pères pèlerins arrivèrent au Massachusetts, les Indiens avaient péri depuis si peu de temps que les Blancs y trouvèrent des huttes vides, du maïs d'hiver et des champs défrichés, fin prêts à être cultivés, un avant-goût de ce qu'allait être l'avancée parasitaire des colons d'un bout à l'autre du continent. « Les Européens n'ont pas trouvé ici un milieu sauvage, écrit l'historien américain Francis Jennings, ils en ont créé un[17]. »

Pour les Espagnols, la maladie fut une meilleure arme que la bombe à neutrons, car juste assez d'Amérindiens y survécurent pour aller travailler dans les mines[18]. Les trésors des Aztèques et des Incas n'étaient qu'un avant-goût de tout l'or et l'argent qui allaient pendant des siècles franchir l'Atlantique[19]. Karl Marx fut l'un des premiers économistes à constater que, financièrement, la révolution industrielle avait débuté avec l'or d'Atahualpa. « Une condition des plus indispensables pour la formation de l'industrie manufacturière, écrit-il en 1847, était l'accumulation des capitaux, facilitée par la découverte de l'Amérique et l'introduction de ses métaux précieux[20]. » Les banquiers génois et allemands qui garantissaient l'Empire espagnol étaient inondés d'or en lingots dont ils ne savaient que faire. Une bonne partie s'est retrouvée en Europe du Nord pour financer la construction navale, les fonderies de canons et d'autres entreprises impériales. Une autre partie importante a servi à financer les guerres européennes, et l'on sait que les guerres entre pairs suscitent l'innovation. D'une manière que Mao Tsé-toung n'a jamais envisagée, le pouvoir allait en effet sortir de la bouche des canons : du « tuyau nauséabond » de Kipling sortit aussi le piston des machines à vapeur et à essence.

L'or et l'argent ne formaient qu'un côté du triangle transatlantique fournissant butin, territoires et main-d'œuvre. À long terme, les acres veufs du Nouveau Monde, et surtout ses cultures, allaient se révéler un bien beaucoup plus précieux que le métal. Au repas de Thanksgiving (quatrième jeudi de novembre), les Américains dévots remercient leur Dieu pour les avoir nourris dans un « milieu sauvage ». Puis ils dévorent un énorme festin composé de dinde, de maïs, de haricots, de courges, de citrouilles et de pommes de terre, tous aliments mis au point au cours de milliers d'années par les civilisations du Nouveau Monde. Il est aussi difficile d'imaginer le curry sans piment, les sauces italiennes sans tomates, les Suisses et les Belges sans chocolat, les Hawaiiens sans ananas, les Africains sans manioc, et les Britanniques avec du poisson mais pas de frites.

Outre leurs conséquences sur le régime alimentaire, les nouvelles cultures ont apporté une augmentation spectaculaire du rendement agricole, aussi bien en Afrique qu'en Asie et en Europe. Le maïs et la pomme de terre sont presque deux fois plus productifs que le blé et l'orge, n'ayant besoin que de la moitié de la terre et de la main-d'œuvre pour produire la même quantité de nourriture [21]. Les populations s'accrurent et il s'ensuivit un exode rural qui généra un surplus de main-d'œuvre de l'Angleterre à la Côte-de-l'Or [22]. Dans le Nord, ces gens aboutirent dans les manufactures et les usines, tandis qu'en Afrique ils devenaient monnaie d'échange contre des biens de consommation, notamment des armes [23].

Les Européens expédièrent des cargaisons d'Africains de l'autre côté de l'Atlantique pour remplacer les indigènes américains, et leur firent cultiver le sucre, le coton et le café destinés aux cités européennes [24]. Par la suite, l'Europe entreprit d'exporter son surplus de population dans les prairies et les pampas, lesquelles se révélaient idéales pour la culture du blé et de l'orge. Avec l'avènement de la mécanisation agricole, la culture des céréales de l'Ancien Monde exigea moins de main-d'œuvre. En outre, la redécouverte et l'usage du guano – autre don de l'agriculture inca – dans le monde entier firent monter en flèche les rendements agricoles [25]. Lorsque les dépôts de guano et d'autres engrais naturels furent épuisés, l'agriculture commerciale devint presque entièrement dépendante des engrais chimiques à base de gaz et de pétrole. L'énergie fossile non seulement éclaire, mais nourrit le monde moderne. Nous « mangeons », littéralement, du pétrole [26].

En 1991, William McNeill concluait : « Le mouvement moderne d'accroissement démographique, soutenu en grande partie par de nouvelles cultures, continue sur sa lancée, avec des résultats écologiques imprévisibles, mais radicaux[27]. » Dans les treize ans qui ont suivi, plus d'un milliard de personnes sont apparues sur terre – l'équivalent de la population du globe au début de la mécanisation, en 1825. Si la civilisation industrielle devait échouer, le nombre de personnes capables de se nourrir indéfiniment à la force du poignet serait justement à peu près d'un milliard.

Nous ne saurons jamais si la révolution industrielle se serait produite, ni où ni quand elle se serait produite, si l'Amérique n'avait pas existé. On imagine qu'elle aurait eu lieu, mais plus tard et plus graduellement, d'une manière différente. Elle aurait pu commencer en Chine plutôt qu'en Europe, ou dans les deux lieux à la fois[28]. Cela demeure du domaine des hypothèses historiques. Tout ce que nous pouvons dire, c'est que les choses auraient évolué plus lentement et très différemment. Le monde que nous connaissons aujourd'hui est un don du Nouveau Monde.

Le Nouveau Monde, alors, était véritablement un Eldorado. C'était aussi l'Utopie. L'ouvrage de ce titre que Sir Thomas Moore publia en 1516 fut d'ailleurs influencé par les premiers récits sur les sociétés amazoniennes. Un siècle plus tard, l'écrivain à succès Garcilaso de la Vega, qui était à demi inca, présentait l'empire déchu de sa mère comme un idéal politique[29]. En Amérique du Nord, l'influence était plus directe, question d'exemple quotidien. À ses débuts, la culture dite « de la frontière » était hybride, un carrefour où des Indiens se faisaient horticulteurs tandis que des Blancs apprenaient l'art du scalp. Les peuples autochtones étaient politiquement autonomes, pratiquaient l'égalité sociale, le libre débat en conseil et la règle du consensus. C'est contre eux que les colons ont combattu, puis c'est avec eux qu'ils ont commercé et qu'ils se sont croisés par mariage. « Toute leur Constitution respire la liberté ! » s'exclame James Adair à propos des Cherokees en 1775. Benjamin Franklin avait déjà fait des observations similaires au sujet de la confédération iroquoise, pressant les Treize Colonies de la prendre en exemple[30]. Les Blancs étaient particulièrement impressionnés par la manière dont les dissidents quittaient tout simplement leur Nation pour former un groupe indépendant. Pleins de ressentiment envers leur lointaine couronne, les colons voyaient étalés sous leurs yeux la liberté, la démocratie et le droit de sécession.

Le fait que ces démocraties autochtones étaient en grande partie un développement postcolombien était et demeure méconnu ; elles se sont épanouies dans l'espace laissé libre par la grande dépopulation des années 1500. La plupart des « tribus » agricoles de l'Est étaient les vestiges de chefferies autrefois puissantes. Si les Anglais étaient arrivés en Amérique avant l'effondrement démographique, ils y auraient trouvé une structure sociale plus familière : les seigneurs vivaient alors dans des demeures grandioses au sommet de pyramides de terre hautes d'une centaine de pieds[31] ; ils étaient véhiculés sur des litières et enterrés avec leurs esclaves et leurs concubines[32]. Ayant renversé ces sociétés en même temps que les Empires aztèque et inca, le virus de la variole a donc joué un rôle de précurseur dans la révolution américaine. Si la plupart des soulèvements sont suscités par le besoin, les rebelles américains, eux, se sont inspirés de l'abondance – celle des terres indiennes et des idéaux indiens. Les concitoyens de Benjamin Franklin devinrent effectivement, selon le nom qu'il leur donna, « des sauvages blancs ».

À son tour, la révolution américaine influença la Révolution française, qui connut sa propre sauvagerie blanche sous la Terreur. Tout au long du siècle suivant, des gouvernements décidés à éviter ce sort commencèrent à accorder le droit de vote. Une certaine mesure de participation filtra alors à contrecœur vers le bas de la pyramide sociale, tandis que la nouvelle économie industrielle nourrissait une classe moyenne grandissante[33].

Nous qui vivons dans les pays privilégiés de l'Occident considérons comme normale et inévitable notre bulle de liberté et d'opulence vieille de deux siècles ; on l'a même appelée la « fin » de l'histoire, tant au sens temporel que téléologique[34]. Pourtant, ce nouvel ordre est une anomalie ; l'opposé de ce qui se produit habituellement lorsque croissent les civilisations. Notre ère a été financée par l'exploitation de la moitié de la planète, prolongée par la prise du pouvoir dans presque toute l'autre moitié, et maintenue aux frais des nouvelles formes de capital naturel, en particulier les combustibles fossiles. Avec le Nouveau Monde, l'Occident est tombé sur la plus grosse aubaine de tous les temps. Mais il n'y en aura pas d'autre comme elle – à moins que nous ne rencontrions les Martiens civilisés de H. G. Wells et que, comme dans *La Guerre des mondes*, nos maladies ne les exterminent[35].

L'expérience de la civilisation a longtemps eu ses sceptiques, même à l'époque où le changement se produisait trop lentement pour que la plupart des gens le remarquent. Les légendes d'Icare, de Prométhée et de Pandore illustrent les risques que l'on court à être un peu trop futé, un thème qu'on retrouve aussi dans la Genèse[36]. Le récit ancien le plus perspicace sur ce thème, en particulier parce qu'il provient d'une civilisation disparue, est sans doute celui de la « Rébellion des ustensiles » de l'épopée maya, le Popol Vuh[37], où les êtres humains sont renversés par leurs outils et leurs ustensiles de cuisine :

> [...] toutes [ces choses] se sont manifestées [...]. « C'est à nous de vous faire du mal », ont dit leurs [...] pierres à moudre. « Nous allons nous mettre à *vous* moudre [...], à

> réduire votre chair en bouillie » [...] Puis ont parlé les comals et les chaudrons : [...] « Vous nous avez fait souffrir [...]. Nous étions toujours sur le feu ; vous nous brûliez. Comment n'aurions-nous pas souffert ? Maintenant nous allons vous brûler », on dit les chaudrons en se rebellant[38].

Comme le faisait remarquer l'écrivain cubain Alejo Carpentier, c'est là le premier avertissement explicite de la menace inhérente à la machine.

De tels avertissements sont devenus monnaie courante au XIXe siècle, quand, pour la première fois, des changements sociaux et techniques radicaux se sont fait sentir au cours d'une seule vie. En 1800, les cités étaient petites, l'air et l'eau relativement propres, autrement dit : vous risquiez plus d'attraper le choléra que le cancer. Rien ne bougeait plus vite que ce que pouvaient propulser le vent ou les membres. Le bruit d'une machine était presque inconnu. Mais un siècle plus tard, en 1900, il y avait des automobiles dans les rues et des métros en dessous ; le cinématographe illuminait les écrans ; l'âge de la terre était estimé en millions d'années, et Albert Einstein écrivait sa *Théorie de la relativité restreinte et généralisée*.

Au début du XIXe siècle, Mary Shelley méditait sur la nouvelle science dans *Frankenstein*. Et peu après, Charles Dickens se livrait à une critique virulente et visionnaire du coût social de l'industrie dans *Les Temps difficiles*, se demandant si « le bon Samaritain était un mauvais économiste » et pressentant la nouvelle religion du bénéfice net : « Chaque pouce de l'existence de l'être humain, écrivait-il en 1854, de la naissance à la mort, devait être une affaire conclue au-dessus d'un comptoir[39]. »

Dans son roman de 1872 intitulé *Erewhon* (anagramme de *nowhere*, qui signifie « nulle part »), Samuel Butler a imaginé une civilisation lointaine, industrialisée bien avant l'Europe, mais où les effets du progrès ont suscité une révolution luddite. « Le grand danger, écrit un radical d'Erewhon, n'est pas tant les machines existantes que la vitesse à laquelle elles évoluent : si on ne les arrête pas à temps, elles pourraient développer un langage, se reproduire et subjuguer la race humaine. » Butler parodiait ici le darwinisme, mais les angoisses qu'éveillaient les monstres haletants de l'ère de la vapeur étaient bien réelles. Des années avant qu'il ne devienne Premier ministre, Benjamin Disraeli exprimait déjà les craintes de *Erewhon* dans son roman *Coningsby* : « Le mystère des mystères, notait-il, est de voir des machines fabriquant des machines, un spectacle qui remplit l'esprit de spéculations curieuses, voire affreuses [40]. »

Tandis que l'époque victorienne se déroulait à toute vitesse, de nombreux écrivains commencèrent à se demander : « Où allons-nous ? » Si tant de changements se produisaient si rapidement pendant leur siècle, qu'allait-il bien pouvoir arriver dans le siècle suivant ?

Samuel Butler, H. G. Wells, William Morris, Richard Jeffries, pour ne nommer que ceux-là, ont mêlé le fantastique à la satire et à l'allégorie pour créer le genre qu'on appelle le roman scientifique.

Dans *La Machine à explorer le temps*, écrit en 1895, Wells envoie l'Explorateur du temps dans un futur distant où la race humaine est divisée en deux espèces, les Eloïs et les Morlocks. Les Eloïs sont une classe supérieure sybarite qui vit stupidement de l'industrie des Morlocks, sans jamais deviner que ces sous-hommes des souterrains – qui semblent être leurs esclaves – les élèvent en fait pour leur chair.

Dans *News from Nowhere*, William Morris invente un nouvel âge post-industriel – utopie préraphaélite du métier honnête, du dessein vertueux et de l'amour libre –, d'où il attaque la première grande vague de mondialisation, le marché mondial régi par le paquebot, le télégraphe et l'Empire britannique :

> Le bonheur du travailleur à l'œuvre, son confort le plus élémentaire et sa santé même […] ne pesaient pas un grain de sable dans la balance contre la nécessité de « produire bon marché » des choses qui, pour la plupart, ne valaient pas la peine qu'on les produise […]. Toute la communauté était projetée dans les mâchoires de ce monstre affamé, le marché mondial.

Si le passé est notre maître, il semble que nous ne retenions pas grand-chose de ses leçons. La génération d'avant la Première Guerre mondiale – l'époque du jeune Einstein, d'Oscar Wilde et du roman terroriste de Joseph Conrad, *L'Agent secret* – ressemble beaucoup à la nôtre : un siècle usé en fin de parcours ; un nouveau siècle dans lequel s'atrophient la moralité et les certitudes, où des plastiqueurs rôdent dans l'ombre, où des industriels proclament depuis leur château que la libre entreprise fera renaître une nouvelle Jérusalem pour tous.

Des observateurs plus réfléchis, sentant que le changement allait à un train d'enfer, ont commencé à craindre que le pouvoir de l'industrie n'ait aussi donné à la race humaine le moyen de se suicider. Ils ont vu des États-nations chauvins s'engager dans la course à l'armement. Ils ont constaté l'exploitation sociale et l'étendue des bidonvilles, la contamination de l'air et de l'eau, et vu la « civilisation » apportée aux « sauvages » par la force des mitrailleuses [41].

Et si ces mitrailleuses se braquaient non pas sur les Zoulous ou les Sioux, mais sur d'autres Européens ? Et si la misère des bidonvilles entraînait la déchéance de la race humaine ? À quoi exactement pouvait bien rimer toute cette production économique si, pour tant de gens, elle signifiait le déracinement, la pauvreté et la crasse ? À la fin du voyage, l'Explorateur du temps de Wells voit la civilisation comme « rien qu'un tas de fous qui, inévitablement, […] finiront par détruire leur créateur ».

Bien sûr, il y en aura pour dire que nous sommes encore là, donc que les victoriens avaient tort de s'inquiéter. Mais est-ce bien vrai ? Ils avaient peut-être tort dans les détails qu'ils ont imaginés pour notre époque, mais ils avaient raison de prévoir des ennuis. La Grande Guerre allait bientôt survenir, qui causerait la mort de douze millions [42] de personnes, puis la révolution russe et la crise – qui mèneraient à Hitler, aux camps de la mort, à la Seconde Guerre mondiale avec ses cinquante millions de victimes et à la bombe atomique. À leur tour, ces événements entraîneraient la guerre de Corée, la guerre froide, la quasi fatale crise des missiles cubains, le Viêt Nam, le Cambodge, le Rwanda. Même le plus pessimiste des victoriens aurait été sidéré d'apprendre que les guerres du XXe siècle feraient plus de cent millions de victimes – deux fois l'entière population de l'Empire romain [43]. En effet, le prix de l'histoire ne cesse d'augmenter.

Les romans scientifiques de l'époque victorienne ont eu deux héritiers : la science-fiction et la satire sociale profonde, campée dans un avenir cauchemardesque. Ce dernier genre inclut plusieurs des grandes œuvres du XXe siècle : *Le Meilleur des mondes* d'Aldous Huxley, *1984* de George Orwell, *En attendant les barbares* de J. M. Coetzee, et un certain nombre de scénarios postnucléaires dont *Riddley Walker*, de Russel Hoban, est certainement l'œuvre maîtresse.

Depuis que la menace nucléaire a (peut-être) reculé, les romans apocalyptiques modernes sont retournés aux inquiétudes d'avant Hiroshima – en particulier les risques des nouvelles technologies et la manière dont notre espèce pourrait survivre sans troquer son humanité contre un ordre apparenté à celui des fourmis. (L'aspect le plus troublant du *Meilleur des mondes* de Huxley est sans doute l'argument indiscutable en faveur de l'ordre, un argument encore plus difficile à réfuter maintenant qu'il ne l'était en 1932.) Les monstres métalliques de *Erewhon* ont pris une forme plus subtile qui menace toute la biosphère : perturbations climatiques, déchets toxiques, nouveaux agents pathogènes, nanotechnologie, cybernétique, ingénierie génétique.

L'un des dangers de la satire dystopique est que c'est vraiment déprimant lorsqu'on tombe dans le mille. Il y a dix ans, j'ai commencé à écrire mon roman *A Scientific Romance*, titre que j'ai choisi en hommage à l'ère victorienne et parce que son thème tournait autour d'un amour fou avec la science. Pour servir mon propos satirique, j'ai pratiqué ce que je croyais être des extrapolations invraisemblables à partir de faits divers tirés des actualités. J'ai fait mourir un de mes personnages de la maladie de la vache folle, pensant que dans la version revue et corrigée je devrais lui infliger un sort un peu moins loufoque. Au moment où paraissait le livre, en 1997, des douzaines de personnes étaient réellement mortes de la vache folle [44]. D'autres éléments de la satire – par exemple, le changement climatique qui transforme un Londres brumeux en un marécage tropical, l'existence d'une race de survivants génétiquement modifiés et celle d'un gazon transgénique qui n'a pas besoin d'être tondu parce qu'il possède les propriétés autolimitatives de la pilosité pubienne – ne ressemblent déjà plus tout à fait aux miroirs déformants qu'ils étaient lorsque j'ai commencé. Il y a peu, quelque chose de plus précis est venu me hanter. Dans les ruines de la jungle londonienne, mon personnage principal se retrouve dans une rue bloquée aux édifices fortifiés à l'aide de dalles de béton. Il en déduit que c'est là où le gouvernement britannique assiégé a dû passer ses derniers jours dans les années 2030 [45]. Plus tôt cette année, j'ai lu dans le journal que le gouvernement de Tony Blair a l'intention d'entourer les édifices du parlement d'un mur de béton de quinze pieds [46] surmonté de barbelés à lames [47].

Je ne veux pas jouer les prophètes et je ne prétends pas en être un. Pas besoin d'être Nostradamus pour prévoir que des murs seront érigés en temps de crise, encore que les murs les plus épais demeurent ceux de l'esprit. Un trait révélateur de la vraie crise de la vache folle a été l'éternité pendant laquelle le gouvernement britannique, au lieu d'agir, s'est contenté d'espérer que tout irait pour le mieux. Dans son récent roman dystopique *Oryx and Crake*, centré sur la biotechnologie, Margaret Atwood dépeint elle aussi l'effondrement de la civilisation dans un avenir prochain. L'un de ses personnages demande : « En tant qu'espèce, nous sommes condamnés par l'espoir, alors [48] ? » Par l'espoir, vraiment ? Eh bien oui. Pour parer aux vieux gâchis, l'espoir nous pousse à inventer de nouvelles combines, lesquelles à leur tour créent des gâchis toujours plus dangereux. L'espoir nous fait élire le politicien qui fait les plus grandes promesses à la légère, et, comme vous le dira n'importe quel agent de change ou vendeur de billets de loterie, la plupart d'entre nous opteront pour un mince espoir plutôt que pour une frugalité prudente et prévisible. Tout comme la cupidité, l'espoir fait tourner les moteurs du capitalisme.

John Steinbeck a dit un jour que le socialisme ne s'est jamais enraciné aux États-Unis parce que les pauvres eux-mêmes s'y voient non pas comme un prolétariat exploité, mais comme des millionnaires temporairement dans l'embarras. Cela contribue à expliquer pourquoi la culture américaine est si hostile à l'idée de limite, pourquoi les électeurs pendant la dernière pénurie énergétique ont rejeté Jimmy Carter et ses chandails, et ont élu Ronald Reagan, qui se moquait des économies et proclamait sur tous les tons qu'il « était encore tôt le matin en Amérique [49] ». Le mythe du progrès n'a nulle part ailleurs de plus fervents adeptes.

Marx avait certainement raison lorsqu'il qualifiait le capitalisme, presque avec admiration, de « machine à démolir les limites ». Tant le communisme que le capitalisme sont des utopies offrant des versions rivales du paradis sur terre. En pratique, le communisme n'était pas plus indulgent pour le milieu naturel, mais au moins il proposait le partage des biens. Le capitalisme agite devant notre nez l'illusion, tel un lièvre mécanique devant le nez d'un lévrier, que l'économie est infinie et le partage par conséquent sans importance. Juste assez de lévriers attrapent de temps en temps un vrai lièvre pour que les autres continuent à courir jusqu'à épuisement. Par le passé, seuls les pauvres perdaient à ce jeu ; à présent, c'est la planète entière qui en souffre [50].

Ceux qui, ayant voyagé dans leur jeunesse, retournent dans leurs anciens lieux de prédilection vingt ou trente ans plus tard ne peuvent manquer de constater l'attaque massive du progrès : terres agricoles devenues banlieues, jungles transformées en fermes d'exploitation bovine, fleuves interceptés par des barrages, mangroves changées en parcs d'élevage de crevettes, montagnes éventrées par des carrières ou récifs de coraux convertis en condominiums.

Nous continuons d'avoir des cultures et des systèmes politiques différents, mais sur le plan économique il n'y a plus désormais qu'une seule civilisation s'alimentant à même le capital naturel de toute la planète. Nous pratiquons partout l'abattage du bois, la pêche, l'irrigation, la construction, et aucun coin de la biosphère n'échappe à notre hémorragie de déchets [51]. La multiplication par vingt du commerce mondial depuis les années 1970 a pratiquement éliminé l'autosuffisance. Chaque Eldorado a été pillé, chaque paradis terrestre doté d'un Holiday Inn. Joseph Tainter note cette interdépendance en prévenant que « l'effondrement, s'il doit se produire à nouveau, se produira cette fois à l'échelle du globe. [...] La civilisation mondiale se désintégrera en bloc [52] ».

Des experts dans tout un éventail de domaines ont commencé à voir aussi se restreindre les possibilités qui nous sont ouvertes ; ils ont commencé à prévenir la civilisation que ces années-ci pourraient bien être les dernières où elle possède encore suffisamment de richesse et de cohésion politique pour prendre le parti de la prudence, de la conservation et de la justice sociale. Il y a douze ans, juste avant le sommet sur l'environnement de Rio qui a donné lieu aux accords de Kyoto sur le changement climatique, plus de la moitié de tous les récipiendaires du prix Nobel au monde nous ont prévenus que nous ne disposions que d'une dizaine d'années pour rendre notre système durable. Maintenant, dans un rapport que l'administration Bush a tenté en vain d'étouffer, le Pentagone prédit la famine, l'anarchie et la guerre à l'échelle mondiale « en moins d'une génération » si le changement climatique répond aux prévisions les plus austères [53]. Astronome royal et ancien président de la British Association for the Advancement of Science, Martin Rees, de l'université de Cambridge, conclut dans son livre paru en 2003 *Our Final Century* : « Les chances que notre civilisation actuelle [...] survive jusqu'à la fin du siècle ne dépassent pas les cinquante pour cent [...], sauf si toutes les nations adoptent des politiques de développement durable à faible risque basées sur les technologies existantes [54]. »

Les sceptiques signalent que des catastrophes ont jadis été annoncées qui ne se sont jamais produites. Mais c'est là le summum de la sottise. Si nous avons échappé au désastre, notamment celui de la guerre nucléaire, ce fut souvent par chance plutôt que par dessein, et il n'est pas dit qu'il en soit toujours ainsi [55]. D'autres problèmes ont été esquivés, mais non réglés. La crise alimentaire, par exemple, a simplement été retardée par le recours aux semences hybrides et à l'agriculture chimique, et ce à un coût exorbitant pour la santé du sol et la biodiversité [56].

Après les attaques du 11 septembre 2001, les médias et les politiciens du monde entier se sont naturellement polarisés sur le terrorisme. Deux mises au point sont nécessaires ici.

En premier lieu, le terrorisme est une menace peu importante par comparaison à la faim, à la maladie et au changement climatique [57]. Ce jour-là, trois mille personnes ont péri aux États-Unis ; vingt-cinq mille meurent chaque jour dans le monde rien qu'en raison de l'eau contaminée. Chaque année, vingt millions d'enfants souffrent de déficiences mentales causées par la malnutrition [58]. Chaque année, une zone agricole de la grandeur de l'Écosse disparaît en Asie à cause de l'érosion et de l'étalement urbain.

En deuxième lieu, on ne peut faire cesser le terrorisme en traitant les symptômes plutôt que la cause. La violence naît de l'injustice, de la pauvreté, de l'inégalité et de la violence. Cette leçon a été apprise à grand-peine dans la première moitié du XXe siècle, au prix de quelque quatre-vingts millions de vies [59]. Bien entendu, un ventre plein et un procès équitable n'arrêteront jamais un fanatique, mais ils peuvent largement réduire le nombre de ceux qui deviennent des fanatiques.

Après la Seconde Guerre mondiale, un consensus s'est fait jour sur la nécessité de s'attaquer aux racines de la violence en créant des institutions internationales et des formes de capitalisme gérées démocratiquement sur la base de l'économie keynésienne et de la « nouvelle donne » de l'Amérique. Même si elle est loin d'être parfaite, cette politique a réussi en Europe, au Japon et dans certaines parties du tiers-monde [60]. (Rappelez-vous l'époque où il était question non pas de la « guerre à la terreur », mais de la « guerre à la nécessité ».)

Saper ce consensus d'après-guerre et remettre en place des modèles politiques archaïques revient à régresser vers un passé sanglant. C'est pourtant ce que la nouvelle droite a accompli depuis la fin des années 1970. Elle rhabille de vieilles idées en les faisant passer pour neuves et s'en sert pour transférer les leviers du pouvoir des gouvernements élus aux entreprises qui, elles, ne le sont pas – un projet vendu dans les médias comme

« réduction de taxes » et « déréglementation » par les courtisans de la droite, dont le Canada a certainement son lot. L'économie du laissez-faire – laissez le cheval engloutir assez d'avoine, il en restera dans le crottin pour les moineaux[61] – a été tentée à plusieurs reprises et a chaque fois échoué, produisant la ruine et le naufrage social[62].

La révolte contre la redistribution des biens est en train de tuer la civilisation, des ghettos aux forêts tropicales[63]. Dans la plupart des pays, les taxes n'ont pas été réellement réduites ; elles ont été simplement déplacées plus bas dans la pyramide des revenus, et l'aide sociale transférée aux programmes militaires et commerciaux. Le grand juriste américain Oliver Wendell Holmes a un jour déclaré : « Ça ne me fait rien de payer des taxes ; elles me procurent la civilisation. » La confiance publique dans une protection sociale de base est essentielle tant pour réduire le taux des naissances dans les pays pauvres que pour assurer une société convenable dans tous les pays. Le retrait de cette confiance a déclenché une foire d'empoigne généralisée qui est en train de dépouiller la terre.

Comme je l'ai signalé plus haut dans ce livre, la population mondiale s'est multipliée par quatre et l'économie par plus de quarante au cours du XXe siècle. Si la promesse de la modernité avait fait ne serait-ce que du surplace, autrement dit si l'écart entre riches et pauvres était resté proportionnellement égal à ce qu'il était à la mort de la reine Victoria, la situation de tous les êtres humains serait dix fois meilleure. Or, le nombre de personnes vivant aujourd'hui dans la pauvreté la plus abjecte équivaut à l'entière population du globe en 1901[64].

Dès la fin du XXe siècle, les trois individus les plus riches du monde (tous des Américains) possédaient à eux seuls plus que les quarante pays les plus pauvres[65]. En 1998, les Nations unies estimaient que quarante milliards de dollars US bien dépensés suffiraient à assurer aux plus démunis de la terre de l'eau propre, des installations d'hygiène et la satisfaction d'autres besoins élémentaires[66]. Le chiffre est peut-être optimiste, et la note a sans doute augmenté ces six dernières années. Malgré tout, il est encore considérablement moindre que les fonds déjà alloués au bouclier de missiles, ce fantasme, prétexte d'un gaspillage indécent, qui ne marchera pas, dont on n'a nul besoin, mais qui pourrait provoquer une nouvelle course à l'armement et la militarisation de l'espace.

Pensons aux trois métaphores de Tainter : la locomotive qui s'emballe, le dinosaure et le château de cartes. L'accroissement démographique et celui de la pollution, l'accélération de la technologie, la concentration de la richesse et du pouvoir sont tous des locomotives emballées, pour la plupart reliées entre elles. La croissance démographique ralentit, mais d'ici à 2050 la population aura tout de même augmenté de trois milliards. Nous pourrons peut-être nourrir ce nombre à court terme, mais nous devrons élever moins de bétail (qui exige dix livres de nourriture pour en produire une) et distribuer à tous. Ce que nous ne pouvons pas faire, c'est continuer à consommer et à polluer comme nous le faisons. Nous pourrions aider des pays comme la Chine et l'Inde à s'industrialiser sans répéter nos erreurs, mais au lieu de cela nous avons exclu les normes environnementales des accords commerciaux. Comme des touristes du sexe aux désirs illicites, nous faisons notre plus sale boulot parmi les pauvres.

Si la civilisation veut survivre, elle doit vivre des intérêts, et non pas du capital, de la nature. Les indicateurs écologiques montrent qu'au début des années 1960 les humains utilisaient environ 70 % de la production annuelle de la nature ; dès les années 1980, nous avions atteint 100 % ; et en 1999, nous en étions à 125 %[67]. Ces chiffres sont peut-être imprécis, mais leur tendance est évidente – ils balisent la route vers la faillite.

Rien de tout cela ne devrait nous surprendre après avoir lu le contenu des boîtes noires trouvées dans les épaves des civilisations éteintes ; notre comportement actuel est typique des sociétés perdantes quand elles étaient au zénith de leur cupidité et de leur arrogance. C'est le facteur dinosaure : hostilité envers tout changement affectant les intérêts matériels, et inertie à tous les niveaux de la société [68]. George Soros, le spéculateur réformé, appelle les dinosaures économiques des « fondamentalistes du marché ». Je ne suis pas à l'aise avec ce terme, parce que peu d'entre eux sont réellement des partisans de la libre entreprise, préférant de loin les monopoles, les cartels et les marchés publics [69]. Néanmoins, je comprends bien ce qu'il veut dire. L'idée que le monde doive être à la merci du marché des valeurs est aussi folle que tout autre délire fondamentaliste, islamique, chrétien ou marxiste.

Dans le cas de l'île de Pâques, le culte de la statue était devenu une manie autodestructrice, une pathologie idéologique. Aux États-Unis, l'extrémisme du marché (qu'on pourrait croire purement matérialiste et, par conséquent, ouvert aux intérêts personnels rationnels) s'est uni au messianisme évangélique pour combattre une politique intelligente pour des motifs métaphysiques. La chrétienté du courant dominant est une foi altruiste, et pourtant cette ramification messianique est activement hostile au bien public : c'est en quelque sorte un darwinisme social pratiqué par des gens qui détestent Darwin. Le secrétaire d'État à l'Intérieur sous la présidence de Reagan a dit au Congrès de ne pas se préoccuper de l'environnement, parce que, selon ses propres termes, « [il] ne [sait] pas sur combien de générations nous pouvons compter avant le retour du Seigneur [70] ». George W. Bush s'est entouré d'esprits semblables et s'est retiré des accords de Tokyo sur le changement climatique [71].

Adolphe Hitler s'est un jour exclamé en jubilant : « Quelle chance pour les chefs d'État que le peuple ne pense pas ! » Mais que peut-on faire quand les chefs d'État refusent de penser ?

Les civilisations chutent plutôt soudainement – l'effet château de cartes –, parce que, lorsqu'elles atteignent le point où leur pression sur l'environnement est maximale, elles deviennent fortement vulnérables aux fluctuations naturelles. Le danger le plus immédiat que pose le changement climatique est que des conditions météorologiques instables pourraient entraîner une série d'échecs des cultures dans les greniers du monde. Les sécheresses, inondations, incendies et ouragans gagnent en fréquence et en gravité. La montée en flèche de la pollution causée par ces facteurs et les guerres ajoutent au maelstöm de destruction. Les experts en médecine s'inquiètent d'un effondrement naturel causé par la maladie ; qu'on y pense : des milliards de primates, dont bon nombre sont malades, mal nourris, mais qui sont connectés par le transport aérien, voilà une aubaine pour un microbe agile. Alfred Crosby observe sardoniquement que « mère Nature vient toujours à la rescousse d'une société frappée de [...] surpopulation, mais ses remèdes ne sont jamais plaisants[72] ».

Si j'ai tenté de défendre la cause de la réforme, ce n'est pas par altruisme ni pour sauver la nature pour l'amour de la nature. À mon avis, ce sont là des impératifs moraux, mais de tels arguments vont à contre-courant du désir humain. La raison la plus impérieuse pour réformer notre système est qu'il ne sert les intérêts de personne. C'est une machine à suicide. Chacun de nous souffre d'une certaine inertie de dinosaure, mais, franchement, je ne sais pas où les « dinosaures activistes » – ces durs des grandes compagnies pétrolières et de l'extrême droite – ont la tête. Ils possèdent des enfants et des petits-enfants qui auront besoin d'aliments sains, d'eau et d'air propres, et qui auront peut-être envie de contempler des mers et des forêts vivantes. La fortune ne peut acheter de refuge contre la pollution : les pesticides vaporisés en Chine se condensent dans les glaciers de l'Antarctique et les lacs des Rocheuses. La fortune n'est pas non plus un bouclier contre le chaos, comme l'a bien montré la surprise qu'on lisait sur chacune des têtes hautaines tombées jadis sous le couteau de la guillotine.

Selon un dicton argentin, « Dieu passe chaque nuit à nettoyer le gâchis que font les Argentins pendant le jour ». Apparemment, nos dirigeants comptent là-dessus. Mais cela ne marchera pas. Les choses vont si vite que l'inaction est une des plus graves erreurs. L'expérience de la vie sédentaire, qui dure depuis dix mille ans, se poursuivra ou échouera selon ce que nous ferons et ne ferons pas dès maintenant. La réforme nécessaire n'est pas anticapitaliste, antiaméricaine, ni même profondément écologiste ; il s'agit simplement de passer de la pensée à court terme à la pensée à long terme. De l'imprudence et de l'excès à la modération et au principe de précaution.

Le grand avantage que nous détenons, notre meilleure chance d'éviter le sort des sociétés passées, c'est que nous connaissons leur histoire. Nous pouvons voir comment et pourquoi elles se sont trompées. L'*Homo sapiens* possède l'information nécessaire pour admettre ce qu'il est : un chasseur de l'âge glaciaire à moitié évolué vers l'intelligence – astucieux sans doute, mais rarement sage.

Nous en sommes maintenant à l'étape où les Pascuans auraient pu mettre un frein à leur abattage et à leur sculpture insensés, où ils auraient pu recueillir les dernières semences de leurs arbres et les mettre en terre hors de l'atteinte des rats. Nous possédons les outils et les moyens nécessaires pour partager les ressources, nettoyer la pollution, dispenser les soins élémentaires, contrôler les naissances, fixer à l'économie des limites qui soient alignées sur les limites naturelles. Si nous ne faisons pas cela dès maintenant, tandis que nous sommes prospères, nous ne serons jamais capables de le faire quand les temps seront devenus difficiles. Notre destin s'échappera de nos mains. Et ce nouveau siècle ne vivra pas très vieux avant d'entrer dans une ère de chaos et d'effondrement qui éclipsera tous les âges des ténèbres du passé.

C'est maintenant notre dernière chance d'assurer l'avenir.

NOTES

I. Les questions de Gauguin

1. N'ayant pas les moyens d'acheter une vraie toile, Gauguin a peint son chef-d'œuvre sur une longueur de jute.

2. Cité dans Gavan Daws, *A Dream of Islands*, Honolulu, Mutual Publishing, 1980. [Notre traduction, comme pour les suivantes, sauf indication contraire.]

3. Sidney Pollard, *The Idea of Progress: History and Society*, Londres, C. A. Watts, 1968, pp. 9 *et sq.*

4. *Ibid.*

5. Pas seulement les croyances religieuses. L'archéologie de l'époque victorienne définit l'avance technique en termes de métaux, mais les Anciens avaient tiré des conclusions opposées, n'y voyant qu'un glissement vers le médiocre et le corruptible, d'un âge d'or à un âge de bronze, puis de fer.

6. Ronald Wright, *Stolen Continents: Conquest and Resistance in the Americas*, Boston, Houghton Mifflin, 1992, p. 5.

7. Les Américains de la guerre froide, au siècle dernier, aimaient à menacer de « renvoyer les Soviétiques jusque dans l'âge de pierre ». Je ne sais pas si les Russes proféraient la même menace, mais elle était certainement crédible. Même si un « duel » (comme on le désignait par euphémisme) nucléaire avait échoué à annihiler toutes les formes de vie supérieures, il aurait mis fin à toute civilisation dans le monde entier. L'hiver nucléaire ne saurait produire de récolte consommable.

8. Voir Francis Fukuyama, *La Fin de l'histoire et le dernier homme*, Paris, Flammarion, 1992.

9. Alexander Pope, *Essai sur la critique*, 1711 ; Thomas Henry Huxley, *On Elementary Instruction in Physiology*, 1877.

10. Cité dans Robert J. Wenke, *Patterns in Prehistory*, Oxford, Oxford University Press, 1980, p. 79.

11. William Shakespeare, *Hamlet*, acte II, scène 2. Traduit de l'anglais par François Victor Hugo.

12. William Shakespeare, *Comme il vous plaira*, acte IV, scène 1.

13. Cité dans Glyn Daniel, *The Idea of Prehistory*, Harmondsworth (R.-U.), Pelican, 1962, p. 19.

14. En basant ses calculs sur la vitesse de refroidissement d'une masse de fer, Newton soupçonnait déjà que la terre était âgée d'au moins cinquante mille ans, et les penseurs français du XVIIIe siècle Benoît de Maillet et George Louis Leclerc de Buffon ont opté pour des estimations plus élevées, mais leurs hypothèses n'ont guère trouvé de faveur. Voir

Martin Gorst, *Measuring Eternity: The Search for the Beginning of Time*, New York, Broadway Books, 2001, pp. 93-121.

15. Le physicien Lord Kelvin a mené un combat d'arrière-garde en soutenant que le Soleil ne pouvait pas être assez vieux pour l'échelle temporelle de Darwin, mais cela fut largement contesté et, finalement, réfuté.

16. Ses paroles n'ont pas été transcrites à l'époque. Les récits qui les rapportent diffèrent quelque peu mais s'accordent sur le fond.

17. Voir Gorst, *Measuring Eternity*, p. 204.

18. H. G. Wells *et al.*, *The Science of Life*, vol. 2, New York, Doubleday, 1929, pp. 422-423. Un de ses coauteurs, Julian Huxley, est le petit-fils du défenseur de Darwin, Thomas Huxley.

19. Northrop Frye, « Humanities in a New World » in *Three Lectures*, Toronto, University of Toronto Press, 1958, p. 23. Certains experts considèrent la parole comme un phénomène plutôt récent, mais, à mon avis, il est beaucoup plus probable qu'elle ait mis beaucoup de temps à se développer, gagnant en complexité comme le faisait le cerveau. Nombre des différences entre le cerveau du singe et celui de l'humain concernent les régions régissant des aspects de la parole. Voir la note 11 du chapitre 2 ci-après.

20. Joseph Henri Rosny, dit Rosny aîné, né à Bruxelles en 1856, avait travaillé comme journaliste en Angleterre, puis déménagea à Paris en 1886, où il devint le président de l'académie Goncourt.

21. Une hutte littorale vieille de quatre cent mille ans découverte à Terra Amata, dans le sud de la France, semble avoir possédé un foyer, tandis qu'il existe des « indices d'utilisation du feu » en Afrique datant d'un million d'années auparavant. Voir Ian Tattersall, *The Last Neanderthal: The Rise, Success, and Mysterious Extinction of Our Closest Human Relatives*, New York, Westview Press, 1999, p. 72.

22. Voir, par exemple, le texte de 1954 de Loren Eiseley, « Man the Firemaker », in *The Star Thrower*, New York, Harcourt Brace Jovanovich, 1978, pp. 45-52.

23. *Ibid.*, p. 49.

24. Les données génétiques laissent croire qu'à un moment donné « notre espèce est devenue tout aussi menacée que l'est le gorille de montagne aujourd'hui [...], réduit à seulement quelque 10 000 adultes ». Christopher Stringer et Robin McKie, *African Exodus: The Origins of Modern Humanity*, New York, Henry Holt/John Macrae, 1997, p. 11. Stringer estime qu'au début du paléolithique supérieur, il y a quelque trente-cinq mille ans, l'espèce *Homo sapiens* « comptait une population reproductrice d'au moins 300 000 personnes » (*ibid.*, p. 163).

25. Au sujet de l'hypothèse de l'« origine africaine », voir Stringer et McKie, *African Exodus*. Au sujet des points de vue opposés, voir les travaux récents de M. Wolpoff, G. A. Clark, J. Relethford et F. H. Smith. Pour une vue d'ensemble équilibrée, voir Richard Leakey et Roger Lewin, *Origins Reconsidered: In Search of What Makes Us Human*, New York, Doubleday, 1992.

26. Des espèces animales aussi différentes que le cheval, le zèbre et l'âne peuvent s'hybrider, comme le peuvent les lions et les tigres, même si ces hybrides sont rarement fertiles. L'écart dans l'évolution, dans de tels cas, est presque certainement plus large qu'entre nombre des prétendues espèces de premiers humains.

27. Tiré de H. G. Wells, *Les Grandes Lignes de l'histoire*, cité par William Golding dans l'épigraphe de *Les Héritiers*, 1955.

28. L'argument présenté par W. Arens dans *The Man-Eating Myth: Anthropology and Anthropophagy*, New York, Oxford University Press, 1979, suivant lequel il n'y a pas de cas de cannibalisme bien documenté (sauf pour la survie) ne tient pas debout. Bien que de nombreuses accusations visant cette pratique aient été, comme il le prétend, de la propagande sans fondement provenant de groupes ethniques rivaux, il existe des preuves abondantes et solides – os dépecés, ustensiles spécifiques, données ethnographiques et historiques fiables – du cannibalisme tant rituel que gastronomique, en particulier dans le Pacifique. Il y a aussi de nombreux cas documentés d'atrocités cannibales dans les guerres européennes du temps de la Réforme et dans les guerres africaines depuis 1960.

29. Voir Tattersall, *Last Neanderthal*, p. 77. Un livre utile, bien que Tattersall soutienne que les Néandertaliens étaient une espèce distincte, sans descendants modernes.

30. Erik Trinkaus et Pat Shipman, *The Neanderthals: Changing the Image of Mankind*, New York, Knopf, 1993, p. 6. Ces auteurs font un bon résumé de preuves conflictuelles. Pour un exposé plus récent sur les origines humaines et le problème néandertalien, voir *General Anthropology 7,* n° 2, printemps 2001, un bulletin de nouvelles publié par l'American Anthropological Association.

31. Ceux qui partagent cet avis utilisent la classification *Homo sapiens neandertalensis* pour le Néandertalien, et *Homo sapiens sapiens* pour l'homme de Cro-Magnon et les autres humains modernes.

32. Ornella Semino et d'autres généticiens ont conclu que plus de 80 % du patrimoine génétique est issu du paléolithique supérieur, tandis que 20 % proviennent des cultivateurs du néolithique, venus beaucoup plus tard au Moyen-Orient. Voir le numéro du 10 novembre 2000 de *Science*.

33. Un indicateur en ce sens est que le crâne des anciens Néandertaliens est généralement moins robuste que celui des Néandertaliens plus récents. Voir Tattersall, *Last Neanderthal*, p. 147.

34. Voir Christopher Stringer, « The Evolution of Modern Humans: Where are We Now ? », *General Anthropology* 7, n° 2, printemps 2001.

35. Cette phase culturelle, appelée châtelperronien, est très visible à partir d'il y a trente-six mille ans à Saint-Césaire, dans l'Ouest de la France. Voir Tattersall, *Last Neanderthal*, p. 145. Voir aussi Francis B. Harold, « The Case Study of the Chatelperronian », *General Anthropology* 7, n° 2, printemps 2001. D'après l'analyse des niveaux d'habitats et des structures de sites, Donald Henry et ses coauteurs ont conclu que « l'on peut écarter [...] les relations putatives entre la biologie et le comportement [néandertaliens] » (Donald Henry *et al.*, « Human Behavioral Organization in the Middle Paleolithic: Were Neanderthals Different? », *American Anthropologist* 106, n° 1, mars 2004, p. 29) ; ils n'ont trouvé aucune raison de croire que les Néandertaliens et les hommes de Cro-Magnon différaient sur le plan de la capacité cognitive.

36. Cité dans Leakey et Lewin, *Origins Reconsidered*, pp. 280 *et sq*. (légende de la planche 4).

37. Les études étaient basées sur des séquences partielles provenant de matériel mal préservé. Voir John H. Relethford, « New Views on Neanderthal DNA », *General Anthropology* 7, n° 2, printemps 2001.

38. Le site portugais est celui de Lagar Velho, et les os sont âgés d'environ vingt-quatre mille ans.

39. Trinkaus et Shipman (*Neanderthals*, p. 415) écrivent qu'en Europe centrale « existent d'abondantes preuves d'une évolution suivie, de mélange génétique et de croisements

entre les Néandertaliens autochtones et les humains modernes primitifs qui arrivaient lentement, par petits groupes, du Levant ». Voir un mémoire curieusement touchant de Loren Eiseley (*Star Thrower*, pp. 139-152) pour sa conviction éloquente que les Néandertaliens sont toujours parmi nous. Tattersall, qui soutient que les Néandertaliens étaient une espèce entièrement différente, écrit que le chignon néandertalien (le torus occipital) et le sillon qui lui est associé (la dépression supra-iniaque) sont des caractéristiques « des seuls Néandertaliens » (Tattersall, *Last Neanderthal*, p. 118). N'empêche que j'en possède un.

40. D'une manière semblable, nombre des descendants des Indiens d'Amérique, des Aborigènes australiens, des Africains et d'autres peuples transplantés sont noyés dans des populations « blanches », pour la plupart inconscientes de leur ascendance mixte.

2. La grande expérience

1. Il semble de plus en plus certain que les Amériques (le dernier continent à avoir été peuplé) ont été atteintes avant l'époque communément située il y a environ quinze mille ans. Vraisemblablement, cela suppose des embarcations – pour passer d'une île à l'autre et longer les côtes – en plus des routes terrestres à travers l'isthme de Béring pendant les glaciations. Le continent australien, y compris la Nouvelle-Guinée, était une île tout au long de l'âge glaciaire, et pourtant des gens y ont accédé, par cabotage d'une île à l'autre, il y a quarante à soixante mille ans.

2. L'événement, qui s'est produit il y a soixante-cinq millions d'années, était probablement le cinquième du genre. Depuis l'apparition des formes complexes de vie, la terre semble avoir lancé en moyenne une bombe cosmique par cent millions d'années. De nombreux scientifiques considèrent l'impact humain sur la biosphère comme le début de la « sixième extinction ». Voir notamment Martin Rees, *Our Final Century,* pp. 100 *et sq.*

3. Le redoublement de *sapiens* est utilisé par ceux qui croient que les Néandertaliens et les hommes de Cro-Magnon étaient des variétés de la même espèce (voir chapitre 1). Si trente à trente-cinq milliards correspondent à la somme des humains et des hominidés ayant jamais vécu, au moins vingt à vingt-cinq milliards d'entre eux ont vécu dans des sociétés civilisées au cours des trois derniers millénaires. En d'autres termes, les deux tiers d'entre nous (ou davantage) ont vécu pendant le dernier millième de la carrière humaine, et ceux qui sont présentement en vie représentent environ un cinquième ou un sixième du total.

4. On peut soutenir qu'il existe quelques exceptions à la définition agricole dans les régions où les ressources alimentaires naturelles étaient inhabituellement abondantes et prévisibles. Le meilleur exemple historique d'une civilisation émergente sans agriculture est celui de la côte nord-ouest de l'Amérique du Nord, mais de tels cas ont été plus nombreux dans le passé lointain. Les universitaires avaient coutume d'insister sur des critères spécifiques, par exemple l'écriture, dans la définition de l'état d'une civilisation. Les définitions modernes sont plus souples et examinent la portée et la complexité générales d'une culture. Voir Bruce Trigger, *Early Civilisations: Ancient Egypt in Context*, Le Caire, American University in Cairo Press, 1993, p. 7.

5. George Gilmer, gouverneur de Géorgie, a déclaré dans les années 1830 : « Les traités étaient des expédients par lesquels [...] les peuples sauvages étaient amenés à [...] céder ce que les peuples civilisés avaient le droit de posséder. » Le « déplacement », ou

nettoyage ethnique, des Cherokees à cette époque a inclus le recours aux marches forcées et aux camps de concentration, dans lesquels des civils sont morts par milliers ; voir Wright, *Stolen Continents*, chap. 14. (L'expression « camp de concentration » a été inventée par les Britanniques pendant la guerre des Boers.) Pour une étude sur l'holocauste nazi et autres atrocités modernes dérivant de la politique coloniale raciste, surtout en Afrique, voir Sven Lindqvist, *Exterminez toutes ces brutes*, traduit du suédois par Alain Gnaedig, Paris, Le Serpent à plumes, 1998.

6. Le Colisée et d'autres cirques romains ont connu des sacrifices sanglants sur une échelle fantastique ; pendant les quatre mois qu'ont duré les jeux de Trajan, cinq mille hommes et onze mille animaux ont été abattus.

7. Certaines estimations sont beaucoup plus élevées, surtout lorsque sont prises en compte la famine et les maladies causées par les conflits.

8. Gandhi n'était certainement pas, selon l'insulte lancée par Churchill, un « fakir nu » ; il avait étudié le droit à Londres dans les années 1890.

9. John Milton, *Paradis perdu*, traduction de François René de Chateaubriand, document électronique, http://www.acamedia.fr.

10. À la veille de l'âge de la vapeur, en 1825, la population mondiale était d'environ un milliard ; si la civilisation industrielle devait s'effondrer, la population viable retournerait à un niveau semblable. Dit sans ménagements, des milliards d'humains périraient.

11. Eric Harth, cité dans Stringer et McKie, *African Exodus*, p. 243. Dans *Ecological Imperialism: The Biological Expansion of Europe 900-1900*, Cambridge, Cambridge University Press, 1986, p. 14, Alfred Crosby écrit : « Il y a quelque cent mille ans, le cerveau humain avait la taille qu'il a aujourd'hui, qui est probablement la plus grande qu'il aura jamais. »

12. William Golding, *Chris Martin*, traduit de l'anglais par Marie-Lise Marlière, Paris, Gallimard, 1960, p. 218. Ce roman, publié peu de temps après *Les Héritiers*, développe une réflexion sur la nature de l'homme située dans un cadre moderne : l'esprit d'un marin torpillé dans l'Atlantique Nord.

13. L'arc et la flèche sont sans doute apparus plus tard, mais le propulseur lance-javelines (connu des archéologues sous le nom aztèque de *atlatl*) fut presque certainement une invention du paléolithique supérieur. Il accroissait la longueur et la portée du lancer humain, un peu comme le ferait un bâton de jeu de crosse.

14. Les fresques de la grotte Chauvet, près d'Avignon, qui figurent parmi les plus anciennes d'Europe, montrent le degré de raffinement et de maturité atteint il y a trente-deux mille ans. Bien que généralement présumées l'œuvre d'hommes de Cro-Magnon, elles auraient tout aussi bien pu être celle de Néandertaliens. Toutefois, les dates ont été contestées et attendent une autre datation au carbone 14 (voir *Antiquity*, mars 2003). L'âge d'or de l'art des cavernes européen est venu bien plus tard, il y a quelque quinze à dix-sept mille ans, à Lascaux et Altamira. Il n'était probablement pas considéré comme un « art » par ses créateurs, mais était plutôt de nature chamanique, conçu comme un culte aux pouvoirs de la nature afin d'accroître le gibier.

15. J'utiliserai désormais la version abrégée de notre nom pour plus de facilité.

16. Un bison de moindre taille a survécu en Amérique du Nord, bien sûr, comme l'a fait le chevreuil, ainsi que les camélidés (famille du lama) en Amérique du Sud.

17. Dans *Ecological Imperialism*, p. 272, Crosby écrit : « Les humains, même pourvus d'une simple torche et d'armes de pierre [...], sont les prédateurs les plus dangereux et les plus implacables du monde. »

18. Les mammouths en question sont morts à Piedmost, en République tchèque, et les chevaux en France, à Solutré, site qui a donné son nom à la superbe pointe solutréenne. Voir William Howells, *Mankind in the Making: The Story of Human Evolution*, Londres, Secker and Warburg, 1960, p. 206, et Andrew Goudie, *The Human Impact on the Natural Environment*, Oxford, Blackwell, 2000, p. 145. Stringer et McKie donnent un excellent résumé de la migration humaine et de ses conséquences à cette époque dans *African Exodus*, pp. 163-178, et ils mentionnent que les côtes d'un mammouth malchanceux retrouvé en Arizona avaient été lardées de huit pointes Clovis. Voir aussi Paul Martin, « Prehistoric Overkill: The Global Model » *in* Paul S. Martin et Richard G. Klein, *Quaternary Extinctions: A Prehistoric Revolution*, Tucson, University of Arizona Press, 1984.

19. Howells, *Mankind in the Making*, p. 206.

20. Tattersall, *The Last Neanderthal*, p. 203.

21. Herman Melville, *Moby Dick*, chap. 105. Traduction d'Henriette Guex-Ruelle, Paris, Garnier-Flammarion, 1970. Le nombre exact de bisons abattus est inconnu. Les estimations vont de trente à soixante millions. Dans les années 1870, plus d'un million par année était tué par des chasseurs blancs ; dès la fin du siècle, il ne restait plus que quelques centaines d'animaux.

22. Voir notamment Hugh Brody, *The Other Side of Eden: Hunters, Farmers and the Shaping of the World*, Vancouver, Douglas & McIntyre, 2000.

23. Voir Crosby, *Economic Imperialism*, et David Steadman, « Prehistoric Extinctions of Pacific Island Birds », *Science*, n° 267, février 1995, pp. 1123-1131.

24. Tim Flannery, *The Future Eaters: An Ecological History of the Australian Lands and People*, New York, Braziller, 1995.

25. Les expériences modernes de cueillette du blé amidonnier au Moyen-Orient ont donné un rendement allant jusqu'à quatre mille livres l'acre (quatre mille cinq cents kilos à l'hectare). Au Mexique, on a démontré qu'une demi-journée passée à faucher le *teocintle* (ou *teosinte*), une céréale sauvage apparentée au maïs, peut nourrir une personne pendant dix jours (voir Clive Ponting, *A Green History of the World : The Environment and the Collapse of Great Civilizations*, Londres, Sinclair-Stevenson, 1991, p. 39). On ne sait pas bien si le *teocintle* est l'ancêtre ou un simple cousin éloigné du maïs. Certains experts pensent que le maïs domestiqué, qui ne peut se reproduire sans aide, s'est croisé avec des parents sauvages, tuant ainsi son patrimoine génétique ancestral – un scénario préfigurant ce qui pourrait arriver à d'autres végétaux agricoles de base si les cultures transgéniques d'aujourd'hui échappent à notre contrôle.

26. Voir Tom D. Dillehay (éd.), *Monte Verde: A Late Pleistocene Settlement in Chile*, Washington DC, Smithsonian Books, 1989. On trouvera des résumés dans Michael E. Moseley, *The Incas and Their Ancestors: The Archaeology of Peru*, Londres, Thames & Hudson, 1992, pp. 83-85, et dans Chris Scarre, *Grand Atlas de l'archéologie*, traduit de l'anglais par Denis-Arnaud Canal, Paris, Larousse, 1990, p. 70. Les vestiges incluent des herbes médicinales qui semblent avoir été utilisées rituellement dans un édifice qui leur était dédié.

27. L'exception australienne résulte probablement d'un climat aride et incertain, et peut-être aussi de la rareté des végétaux potentiellement cultivables. L'Australie a été peuplée bien avant les Amériques, et la disette critique – l'extinction du gros gibier – est peut-être survenue au moment où l'instabilité climatique mondiale rendait impossible toute tentative agricole.

28. Par exemple, l'ouvrage de Jared Diamond, *Guns, Germs and Steel: The Fates of Human Societies*, New York, W. W. Norton, 1997, nous renseigne sur les germes, mais n'est pas

fiable en ce qui concerne les données et l'interprétation archéologiques et historiques. En particulier, la datation et la description de l'agriculture dans le Nouveau Monde manquent de justesse, et l'évocation du renversement d'Atahualpa ainsi que des autres conquêtes espagnoles omet d'importantes données et me paraît tendancieuse.

29. Le quinoa (*Chenopodium quinoa*) est un grain non céréalier de la famille de l'épinard, ou chénopodiacées. De nouvelles découvertes au Mexique font état de maïs domestiqué il y a 6 250 ans (voir *Science*, 14 novembre 2003). Le maïs à forte productivité et à gros épis a été mis au point quelque deux mille ans plus tard, parce que son importance dans le régime alimentaire croissait rapidement, et il s'est répandu de la Méso-Amérique à l'Amérique du Sud. Le manioc, une plante sud-américaine, a fait le chemin inverse. Voir Robert J. Sharer, *The Ancient Maya*, Stanford CA, Stanford University Press, 1994, p. 54.

30. Les plus anciennes plantes domestiquées dans les Andes et la Méso-Amérique sont d'âge comparable à celles du Moyen-Orient. Des plantes récoltées et cultivées il y a dix mille ans, y compris plusieurs variétés de plantes textiles et servant de litière, ont été trouvées dans la grotte de Guitarrero au Pérou. Le haricot commun, le haricot de Lima et les piments qui s'y trouvaient étaient certainement domestiqués. Des tubercules – *olluco* et pomme de terre –, domestiqués eux aussi il y a dix mille ans, ont été trouvés à Tres Ventanas, dans le bassin versant supérieur de Chilca, et des cucurbitacées du même âge à Ayacucho. Voir Moseley, *Incas and Their Ancestors*, pp. 96-97.

31. Les graines anciennes ont été beaucoup mieux préservées dans les zones arides, de sorte que l'importance des basses terres, comme les jungles du Sud-Est asiatique, la Nouvelle-Guinée et l'Amazonie, a pu être sous-estimée. De nouvelles découvertes dans les marais de Kuk, en Nouvelle-Guinée, indiquent qu'on y cultivait il y a sept mille ans le chou *dashine*, la banane et le sucre (voir *Science*, 11 juillet 2003).

32. Ce tableau se trouve dans la cathédrale de Cuzco, l'ancienne capitale inca. Dans l'ouvrage *Peru before the Incas*, Englewood Cliffs, NJ, Prentice-Hall, 1967, Edward Lanning livre un bon inventaire des végétaux et animaux domestiqués au Pérou. Les origines et les dates de leur domestication sont maintenant mieux connues, à la suite de découvertes archéologiques, notamment celle de la grotte de Guitarrero. Le quechua, la langue inca, possède un mot autochtone signifiant « poulet », et il est de plus en plus certain qu'au Pérou étaient élevés des poulets d'origine asiatique ou polynésienne avant l'arrivée de Colomb.

33. Dans *Peru before the Incas*, p. 15, Lanning en énumère trente-neuf. Voir aussi l'ouvrage du National Research Council *Lost Crops of the Incas*, Washington DC, National Academy Press, 1989 : on y trouve la liste de trente plantes cultivées de la région andine, qui, bien que négligées, ont un potentiel mondial, et la description de douzaines d'autres provenant d'Amérique du Sud. La Méso-Amérique avait en commun avec cette dernière certaines d'entre elles, mais possédait également une riche diversité de végétaux autochtones. Le maïs et la pomme de terre sont environ deux fois plus productifs que le blé (voir Ponting, *Green History*, p. 112). Dans *Seeds of Change: A Quincentennial Commemoration*, Washington DC, Smithsonian Institution Press, 1991, Herman Viola et Carolyn Margolis documentent l'impact des cultures du Nouveau Monde sur l'Ancien Monde, sujet sur lequel je reviendrai au chapitre 5.

34. Stringer et McKie, *African Exodus*, p. 163.

35. Moins de deux hectares.

36. Quatre hectares.

37. Treize hectares.

38. Selon Bruce Trigger dans *Early Civilizations*, p. 33, « le principal facteur économique ayant modelé le développement des civilisations primaires fut la production plus intensive de la nourriture, par rapport à quoi la technologie des outils tranchants n'a joué qu'un rôle mineur [...]. La complexité des outils disponibles dans chacune des civilisations primaires ne correspond pas à l'intensité de la production agraire ; non plus qu'aucune de ces civilisations ne semble avoir possédé des outils aussi élaborés que ceux des sociétés tribales de l'âge de fer en Europe ».

39. Dans *The Fall of the Ancient Maya: Solving the Mystery of the Maya Collapse*, Londres, Thames & Hudson, 2002, p. 77, David Webster écrit : « Des sociétés extrêmement complexes peuvent évoluer sans beaucoup de changement technologique, une notion allant à l'encontre de notre intuition, nous dont la vie est si affectée par des innovations rapides et puissantes. »

40. En Chine, les « âges » du bronze et du fer ont longtemps coexisté, et les étapes technologiques n'ont pas suivi la succession supposée « logique » de l'Eurasie occidentale. Le bronze est demeuré le métal de prédilection pour les armes bien après la découverte du fer. Dans *China*, Londres, Thames & Hudson, 1961, p. 15, William Watson écrit : « Le fer a été fondu des siècles avant qu'il ne soit forgé, semant ainsi la confusion dans notre préjugé occidental sur le développement naturel de cette technique. »

41. Dans l'article « Ancient West Mexican Metallurgy: South and Central American Origins and West Mexican Transformations » (*American Anthropologist* 90, n° 4, 1988, pp. 832-855), Dorothy Hosler expose les origines et la distribution des techniques métallurgiques depuis l'Amérique du Sud jusqu'au Mexique, soutenant que les Andes ont connu deux traditions distinctes du travail des métaux. La métallurgie des Andes méridionales est connue par des scories de cuivre découvertes sur les sites de Wankarani, en Bolivie (dont le plus grand comportait plus de sept cents habitations), et de Waymaka, près d'Andahuaylas (voir Moseley, *Incas and Their Ancestors*, pp. 144 et 148). Au temps des Incas, l'usage quotidien des outils de bronze s'était largement répandu. La connaissance du fer (probablement d'origine météoritique) est confirmée par l'existence d'un ancien mot quechua le désignant, *qquillay* ou *kkhellay*. Les quipus (*khipu*) étaient des systèmes élaborés de cordelettes nouées conservées par une classe de fonctionnaires dans des dépôts. Les données étaient codées selon le type de nœud, sa position, sa couleur, etc. La clé de décodage des quipus a été perdue pendant la conquête, quand les archives furent détruites et la plupart des fonctionnaires enfuis ou morts. Il a été démontré que les mathématiques du quipu utilisaient le zéro (comme le faisaient les Mayas), mais sur une base décimale plutôt que celle, vigésimale (de vingt), de la Méso-Amérique. Des survivants incas ont soutenu que les quipus pouvaient coder des récits aussi bien que des informations statistiques. Les érudits sont demeurés sceptiques à ce sujet jusqu'à récemment, mais les travaux de Gary Urton indiquent que le système était « un code binaire tridimensionnel » comportant au moins 1 536 « unités d'information » ou signes, soit plus que l'écriture cunéiforme sumérienne. Voir *Science*, 13 juin 2003.

42. Ainsi, certains squelettes mérovingiens français du haut Moyen Âge témoignent d'une malnutrition chronique, en partie parce que le métal était réservé aux armes, de sorte que les paysans, qui avaient perdu l'art de fabriquer des outils de pierre, devaient travailler la terre avec des houes et des charrues en bois. Voir Georges Duby et Robert

Mandrou, cités dans Jane Jacobs, *The Economy of Cities*, New York, Random House, 1969, pp. 14-15.

43. Çatal Höyük, qui était bâtie près d'un volcan, semble avoir fait le commerce de l'obsidienne.

44. Gordon Childe, *What Happened in History*, Harmondsworth (R.-U.), Pelican, 1964, p. 74.

45. L'« espace vital » du *Volk* allemand.

46. Le déclin du diable depuis le siècle des Lumières est illustré dans une anecdote tirée de la vie du grand géologue et naturaliste français Georges Cuvier (1769-1832). Une nuit, un de ses élèves déguisé en démon sous la forme d'un bouc fait irruption dans la chambre de Cuvier et menace de le dévorer. Cuvier, examinant l'apparition, rétorqua : « Je doute que vous puissiez le faire. Vous avez des cornes et des sabots. Vous ne mangez que des végétaux. » Cité par Daniel, *The Idea of Prehistory*, p. 34.

47. *L'Agent secret* a d'abord été publié sous forme de feuilleton en 1906, puis comme roman en 1907. Le mot « terrorisme » est apparu à l'époque de la Révolution française, au sens de violence de masse. En 1813, John Adams demandait à Thomas Jefferson dans une lettre évoquant les émeutes de Philadelphie : « Que pensez-vous du terrorisme, M. Jefferson ? »

48. Certains chercheurs soutiennent que de petites migrations vers les Amériques ont commencé il y a environ cinquante mille ans. L'opinion généralement admise est que l'Amérique ne fut peuplée qu'il y a quinze mille ans.

49. L'Australie a constitué un troisième laboratoire. Les opinions varient sur les raisons pour lesquelles l'agriculture ne s'y est jamais développée (voir la note 27 ci-dessus). Il existe cependant des vestiges de villages aux habitations de pierre, dont la population vivait de la culture de l'igname et d'autres plantes sauvages – une étape importante vers l'horticulture.

50. Ces pandémies et leurs effets seront traités dans le chapitre 5.

51. Voir Richard Alley, *The Two-Mile Time Machine: Ice Cores, Abrupt Climate Change, and Our Future*, Princeton, NJ, Princeton University Press, 2000. En 2004, des chercheurs britanniques ont obtenu des carottes glaciaires remontant à huit cent mille ans avant J.-C. (BBC World News, 9 juin 2004). La période de vives fluctuations d'il y a quelque trente-cinq ou quarante mille ans a peut-être permis aux hommes de Cro-Magnon, branche de l'humanité des régions chaudes du Sud, d'envahir les Néandertaliens du Nord, adaptés à la vie sous des climats froids.

52. *Ibid.*, p. 192. À la fin de 2003, les réserves mondiales de grains avaient chuté à seulement 16,2 % de la consommation, alors qu'elles en constituaient près de 30 % entre 1990 et 2000. Voir Martin Mittelstaedt, « The Larder is Almost Bare », *Globe and Mail*, 22 mai 2004.

53. Dans *High Tides: News from a Warming World*, Londres, Flamingo, 2004, Mark Lynas décrit la disparition d'un impressionnant glacier en gradins au Pérou. Inge Bolin a fait état de preuves ethnographiques et scientifiques de la disparition rapide d'autres glaciers dans « Our Apus are Dying! Glacial Retreat and Its Consequences for Life in the Andes », communication au colloque de l'American Anthropological Association en novembre 2003.

3. Le paradis de la sottise

1. Voir ma définition de la civilisation au chapitre 2. La plupart des archéologues utilisent l'an 3000 avant J.-C., ou à peu près, comme date des premières civilisations, celles de Sumer et de l'Égypte. La civilisation a commencé à prendre son essor il y a environ dix mille ans, tant dans l'Ancien que dans le Nouveau Monde, lors des premières étapes de la sélection des plantes cultivées.

2. Cité dans Daniel, *The Idea of Prehistory*, pp. 14-15.

3. Lettre de Francisco de Toledo, 25 mars 1571, cité dans Luis A. Pardo (éd.), *Saqsaywaman* n° 1, juillet 1970, p. 144.

4. Extrait du *Journal of Jacob Roggeveen*, traduit et révisé par Andrew Sharp, Oxford, Clarendon Press, 1970. Cité dans Paul Bahn et John Flenley, *Easter Island, Earth Island*, Londres, Thames & Hudson, 1992, p. 13, et plus entièrement dans Catherine et Michel Orliac, *Des dieux regardent les étoiles. Les Derniers Secrets de l'île de Pâques*, Paris, Gallimard, coll. « Découvertes », 1988.

5. Orliac, *Des dieux regardent les étoiles*, p. 17.

6. Toutefois, la terre et la mer étaient là-bas moins riches en espèces que dans les grands archipels tropicaux, comme les îles Fidji ou Tahiti. Ni les îles Marquises ni l'île de Pâques ne sont ceinturées d'un récif de corail.

7. Ou une espèce disparue étroitement apparentée au palmier palmyre.

8. La plupart de ces animaux et plantes étaient en fin de compte d'origine sud-asiatique. La patate douce provenait en fait d'Amérique du Sud et est connue dans toute la Polynésie (n'en déplaise à Bahn et à Flenley, *Easter Island*) par différentes versions de son nom quechua, *kumara*. Pour on ne sait trop quelle raison, le cochon n'était pas du voyage.

9. Dans leur ouvrage par ailleurs excellent sur l'île de Pâques, Bahn et Flenley (*Easter Island*, p. 46) se trompent en affirmant que les anciens Péruviens ne connaissaient pas la voile. Depuis l'époque de Tiwanaku (Ier millénaire de notre ère) existait une culture raffinée de la voile utilisant les *balsas* sur l'océan le long du littoral de l'Amérique du Sud. À l'époque des Incas, de telles embarcations commerçaient régulièrement à partir de ports situés au sud de Lima, notamment Chincha, en suivant les côtes de l'empire jusqu'à Guayaquil, puis jusqu'à Panamá. Les navires étaient de conception semblable à celle du *Kon-Tiki*, mais plus grands et plus élaborés. Munis de multiples dériveurs, ils pouvaient virer de bord contre le vent et ralliaient encore les îles Galápagos au XVIIIe siècle – six cents milles (près de mille kilomètres) aller, et autant retour. Pizarro entendit pour la première fois parler de l'empire inca en 1526, après avoir intercepté une flotte de commerce qui se dirigeait vers Panamá à partir de son port d'attache de Tumbez. L'embarcation qu'il arraisonna avait un équipage de vingt hommes et transportait trente tonnes de fret. Les Espagnols l'ont comparée, en taille et en voilure, à leurs propres caravelles. Il est aussi connu que les marins péruviens d'avant les Incas ont atteint à plusieurs reprises les Galápagos, où ils ont laissé de la poterie caractéristique. Il n'est pas totalement exclu qu'ils aient atteint les îles Marquises, qui auraient pu servir de « plate-forme » de migration vers l'île de Pâques, Hawaii et d'autres archipels. Je pense également possible que les pirogues polynésiennes aient poussé de temps en temps jusqu'à la côte de l'Amérique du Sud et soient retournées dans leurs îles d'origine. Des chroniqueurs espagnols ont noté le récit d'une expédition menée au XVe siècle par Tupa Incaq Yupanqui (le grand-père d'Atahualpa) vers des îles habitées situées à deux mois de voile du Pérou.

Voir l'analyse de ce document et de ses influences sur les premières explorations espagnoles dans Thor Heyerdahl, *Sea Routes to Polynesia*, Londres, Allen and Unwin, 1968, chap. 4 et 5. Il semble peu probable qu'un roi inca ait personnellement quitté son empire pendant un an, mais il peut fort bien avoir ordonné une telle expédition.

10. Cent soixante-six kilomètres carrés.

11. Bahn et Flenley, *Easter Island*, p. 214.

12. Neuf mètres.

13. Vingt mètres.

14. James Cook, cité dans Orliac, *Des dieux regardent les étoiles*, p. 170.

15. *Ibid.*, p. 165.

16. Cela fut évité en général, mais pas à Coventry, ni à Dresde.

17. Roggeveen en abattit au moins une douzaine. Plus tard, les attaques des étrangers devinrent systématiques, tandis que la politique d'asservissement des Polynésiens (le « *blackbirding* ») se répandait dans tout le Pacifique. En 1805, l'équipage du *Nancy*, un navire américain, tua de nombreux Pascuans et en enleva d'autres pour les livrer aux travaux forcés. En 1822, le baleinier *Pindos* s'empara de jeunes filles pour « distraire » l'équipage, qui les jetait par-dessus bord après que les marins s'en étaient lassés. Mais le pire survint en 1862, lorsque des Péruviens chasseurs d'esclaves déportèrent au moins la moitié de la population sur la tristement célèbre « île de la Mort » au large de la côte du Pérou, carrière de guano exploitée par les Britanniques, où les travailleurs étaient enchaînés les uns aux autres et creusaient jusqu'à épuisement. Quinze seulement revinrent vivants sur l'île de Pâques (par suite d'appels humanitaires lancés par l'évêque de Tahiti), et ils rapportèrent avec eux la variole. Dès 1872, lorsque Pierre Loti la visita, l'île était une fosse commune et ne comptait plus qu'à peine une centaine de survivants (Bahn et Finley, *Easter Island*, p. 179).

18. Celles qui sont encore debout aujourd'hui ont été restaurées.

19. Bahn et Flenley, *Easter Island*, pp. 213 et 218.

20. L'île possédait même une forme d'écriture appelée *rongorongo*, bien que de nombreux experts la croient née à la suite du contact avec les Européens.

21. Sumer et l'Égypte vers 3000 avant J.-C. ; la vallée de l'Indus vers 2500 avant J.-C. ; la dynastie Shang de Chine dès 1700 avant J.-C. ; la Crête minoenne et la Grèce mycénienne dès 1700 et 1500 avant J.-C., respectivement ; les Olmèques du Mexique et la civilisation de Chavín au Pérou dès 1200 avant J.-C. D'importantes fouilles récentes à Caral, sur la côte péruvienne, ont montré la présence, vers 2600 avant J.-C., de travaux d'irrigation et d'urbanisme (y compris des pyramides totalisant deux millions de mètres cubes).

22. La Mésopotamie, l'Inde, l'Égypte et la Grèce cultivaient les mêmes céréales venues du Croissant fertile. La Chine, le Mexique et le Pérou ont mis au point leurs propres cultures, mais en ont adopté d'autres plus tard. Jusqu'à quel point des domaines culturels comme les arts, les mathématiques et l'écriture ont été diffusés d'un hémisphère à l'autre, des écoles de pensée rivales en débattent chaudement. Selon moi, la Chine ancienne était presque aussi indépendante d'autres civilisations que l'étaient le Mexique et le Pérou.

23. Les Assyriens, les Babyloniens, les Phéniciens, les Juifs, les Arabes et tous les autres locuteurs de langues sémitiques.

24. N. K. Sandars, *L'Épopée de Gilgamesh*, traduite et présentée par Hubert Comte, Paris, Les Éditeurs français réunis, 1975, pp. 23-24. Peu de ces textes existent dans la langue sumérienne originale, la plupart ayant été transmis dans des recensions assyriennes

ou babyloniennes. Par conséquent, Sandars utilise les noms sémitiques plus récents des personnages et déités. Par exemple, le nom sumérien original de la déesse Ishtar était Inanna. Annu, le dieu du Ciel et père des autres dieux, était An ; Samash, le Soleil, était Utu ; Ea, dieu de la Sagesse, était Enki.

25. Respectivement quatre et douze hectares.

26. Marshall Sahlins a dit des chasseurs-cueilleurs qu'ils formaient « la société d'abondance originelle » parce qu'ils avaient besoin de consacrer moins d'heures à la recherche de nourriture et d'abri (voir Sahlins, *Stone Age Economics*, Londres, Tavistock Publications, 1972, chap. 1). L'espérance de vie à Çatal Höyük (Scarre, *Grand Atlas de l'archéologie*) n'était pas mauvaise selon les normes anciennes, mais était probablement inférieure à celle de la plupart des groupes de chasseurs-cueilleurs. Ces chiffres sont déduits des nombreuses sépultures découvertes dans les habitats.

27. Voir Charles Redman, *Human Impact on Ancien Environments*, Tucson, University of Arizona Press, 1999, pp. 106-109. L'analyse archéologique s'effectue sur le pollen, le charbon, les couches de cendres et de sédiments. Les travaux menés par Gary et Isle Rollefson à Ain Ghazal, en Jordanie, ont fourni des preuves clés de la dégradation environnementale. Les maisons sont devenues plus petites à mesure que diminuait l'épaisseur du bois d'œuvre et que le gibier se faisait plus rare et moins varié.

28. Dans les années 1970, le plus grand peuplement de cèdres demeurant au Liban ne comptait que quatre cents arbres. Voir W. B. Fisher, *The Middle East: A Physical, Social and Regional Geography*, Londres, Methuen, 1978, p. 95.

29. Gordon Childe, *New Light on the Most Ancient East*, Londres, Routledge & Kegan Paul, 1954, p. 114. Cet ouvrage a d'abord été publié en 1928 sous le titre *The Most Ancient East*.

30. Il s'agit de la célèbre et fort controversée « théorie hydraulique » sur les origines de la civilisation, proposée par Julian Steward en 1949. Bien qu'elle ne soit pas applicable à toutes les civilisations, elle conserve ses mérites dans le cas de la Mésopotamie, de l'Égypte et de la vallée de l'Indus.

31. Voir Trigger, *Early Civilizations*, p. 9, citant Robert McCormick Adams, *Heartland of Cities: Surveys of Ancient Settlement and Land Use on the Central Floodplain of the Euphrates*, Chicago, University of Chicago Press, 1981.

32. La ziggourat était bâtie en briques crues recouvertes d'un enduit plus étanche et de carreaux colorés, ou en pierres et en briques cuites ; le dessus des plates-formes était enduit de goudron, la plus ancienne utilisation connue du pétrole iraquien. Par sa hauteur et l'usage des carreaux colorés en motifs géométriques, la ziggourat a été l'édifice précurseur du minaret.

33. Childe, *What Happened in History*, p. 101.

34. Là où une pierre utilisable – par exemple, le silex ou l'obsidienne – abonde, les avantages du bronze ne compensent pas nécessairement le coût et l'effort qu'exige son travail. Mais là où tous les matériaux bruts sont importés de loin, les outils de bronze ont l'avantage de pouvoir être continuellement réparés ; une hache ou une lame ébréchée peut être moulée de nouveau ou fondue, et transformée en un autre outil. En revanche, une fois brisés, des outils de pierre ne servent plus à grand-chose.

35. Sexe sacré et prostitution se retrouvent dans bien des cultures. Les prostituées sumériennes ressemblaient sans doute aux hétaïres de la Grèce classique. Cette coutume

mésopotamienne a certainement contribué à faire de Babylone la « Grande Prostituée » de la vision apocalyptique.

36. Voir notamment le récit apocryphe de Bel et le dragon, dans lequel Daniel montre au roi de Babylone comment ses prêtres le trompent.

37. Quatre cent cinquante hectares.

38. Ur n'avait que cent cinquante acres (soixante hectares) d'étendue, ce qui est plus typique de Sumer. La population de ces cités comptait probablement entre cinquante mille (Uruk) et dix mille ou vingt mille habitants (Ur et les autres), nombre comparable à la population de nombreuses cités antiques de taille moyenne dans les deux hémisphères, ainsi que de cités de l'Europe médiévale, mais de beaucoup inférieur à celle de Rome, qui comptait environ un demi-million de personnes, ou de Tenochtitlán (Mexico), qui en comptait environ deux cent cinquante mille. Voir la note 20 du chapitre 4 ci-après.

39. Sandars, *Gilgamesh*, p. 18.

40. Dans *Early Mesopotamia and Iran*, Londres, Thames & Hudson, 1965, p. 88, M. E. L. Mallowan cite des documents écrits provenant de Lagash comme preuve de la « première séparation de l'Église et de l'État ».

41. La notion a perduré chez les Européens jusqu'à la Révolution française, et chez les Japonais jusqu'en 1945.

42. Voir Ponting, *Green History*, p. 58.

43. J. M. Coetzee, *En attendant les barbares*, traduit de l'anglais par Sophie Mailloux, Paris, Seuil, 1987.

44. Cette tombe date de la période de la dynastie archaïque d'Ur, niveau II ou III, qu'il ne faut pas confondre avec la Troisième Hégémonie d'Ur, postérieure à Sargon.

45. Une tombe shang de la Chine archaïque contenait cent soixante-cinq offrandes humaines. Voir Scarre, *Grand Atlas*, et Watson, *China*, p. 69.

46. La plus grande pyramide de Cahokia, dont la base couvre seize acres (six hectares et demi) et qui s'élève sur cent pieds (trente mètres) de hauteur, constitue l'un des édifices les plus considérables du monde toutes périodes confondues, et le plus grand des États-Unis avant le XXe siècle. La cité comprenait une enceinte fermée de troix cents acres (cent vingt hectares), et le centre urbain totalisait au moins mille deux cents acres (quatre cent quatre-vingt-dix hectares). Voir Scarre, *Grand Atlas* ; Jack Weatherford, *Ce que nous devons aux Indiens d'Amérique et comment ils ont transformé le monde*, Paris, Albin Michel, 1993 ; Joseph A. Tainter, *The Collapse of Complex Societies*, Cambridge, Cambridge University Press, 1988, p. 16 ; Carl Waldman, *Atlas of the North American Indians*, New York, Facts on File, 1985, p. 22 ; Melvin Fowler, « A Pre-Columbian Urban Center on the Mississippi », dans *Scientific American*, août 1975. Les estimations de la population de Cahokia vont de vingt mille à soixante-quinze mille habitants ; vu le vaste espace qu'elle occupait et le nombre de tumulus (environ cent vingt), je doute que la cité ait compté moins de quarante mille personnes à son apogée au XIIIe siècle. Les Natchez, un peuple apparenté vivant plus au sud, ont continué de pratiquer l'enterrement des serviteurs jusqu'à la période historique.

47. Cité dans Nancy Jay, *Throughout Your Generations Forever: Sacrifice, Religion and Paternity*, Chicago, University of Chicago Press, 1992.

48. La légende d'Adam et Ève a ses défauts (le moindre n'étant pas l'origine des femmes de leurs fils), mais elle contient un message humanitaire : que tous les humains sont frères. Comme l'exprime un couplet rimé de John Ball, prêtre défroqué du XIVe siècle, pendant la révolte paysanne d'Angleterre : « Au temps où Adam labourait et où Ève filait /

Qui, alors, était un gentleman ? » Prêtre excommunié prônant le meurtre de tous les seigneurs et avocats (voir l'acte IV du *Henry VI* de Shakespeare), John Ball fut lui-même tué par Richard II en 1381.

49. Les noms de plusieurs rois incas, notamment Manku Qhapaq et Wayna Qhapaq (aussi orthographiés Manco Capac et Huayna Capac) étaient des composés de ce mot. En quechua moderne, *qhapaq* signifie simplement « riche ».

50. Cité dans Sahlins, *Stone Age Economics*, p. 259.

51. La Chine a connu une famine dans au moins une province presque chaque année depuis deux mille ans. Voir Ponting, *Green History*, p. 103.

52. Cent trente kilomètres.

53. Basra, comme Bagdad, fut construite par les envahisseurs musulmans au VIIe siècle de notre ère ; elle a été prise et occupée par les forces britanniques en 2003.

54. Trois cent vingt kilomètres.

55. Ou les déluges. Les archéologues ont trouvé des preuves de plusieurs inondations catastrophiques dans les plus anciennes couches des sites sumériens.

56. Utnapishtim était originaire de la cité de Shurrupak, la moderne Fara, qui fut l'une des premières à prendre de l'importance (voir Sandars, *Gilgamesh*, p. 91). Cela porte à croire que le Grand Déluge de la légende est survenu pendant la période sumérienne, lorsque les cités étaient plus vulnérables aux inondations. Le nom d'Utnapishtim signifie « le Lointain » ; après le Déluge, il deviendra un esprit des eaux en bordure du golfe Persique.

57. Les extraits suivants proviennent du texte anglais établi par Sandars et traduit en français par Hubert Comte, pp. 91-99.

58. Cité dans Ponting, *Green History*, p. 70.

59. Les récits d'inondations reflètent peut-être une certaine conscience du fardeau qu'impose l'homme à la nature. Enlil est amené à détruire l'humanité à cause du vacarme et du nombre des humains ; après le Déluge, leur fertilité et leur espérance de vie seront réduites.

60. Voir Tainter, *Complex Societies*, p. 7.

61. Cité dans Ponting, *Green History*. Je me fie ici surtout à l'excellent compte rendu de Ponting (pp. 68-73) et à celui de Redman dans *Human Impact* (pp. 133-139).

62. D'après les statistiques de l'Organisation pour l'alimentation et l'agriculture (Food and Agriculture Organization–FAO) citées dans Goudie, *Natural Environment*, p. 170. Le chiffre visant l'Iraq n'inclut pas les terres qui ne sont plus en usage. Dans *Middle East*, p. 85, Fisher estime que 80 % des terres cultivées de l'Iraq sont « dans une certaine mesure » salines, et que, chaque année, 1 % devient « inutilisable ». L'Égypte aussi se salinise, mais ses problèmes sont pour une bonne part survenus récemment, par suite de la construction, dans les années 1950, du grand barrage d'Assouan, qui a réduit l'inondation et le nettoyage de la vallée du Nil, et transformé ainsi l'écologie naturelle de l'Égypte en une écologie artificielle ressemblant plus à celle de l'Iraq.

4. Machinations pyramidales

1. Voir ci-dessus le chapitre 1, et Pollard, *Idea of Progress*.

2. Adams a estimé la population de Sumer à un demi-million, ce que Trigger accepte

dans *Early Civilizations*, p. 30. C'est peut-être une prudente sous-estimation, mais vu la taille des villes et le fait que la majorité de la population y vivait, il est peu probable qu'au total celle-ci ait atteint plus du double. Les estimations concernant les Mayas du VIIIe siècle de notre ère varient largement, mais s'accordent sur environ cinq millions dans les basses terres, auxquels on peut ajouter un ou deux millions dans les hautes terres du Guatemala et des Chiapas. Dans *Fall of the Ancient Maya*, pp. 173-174, Webster, qui pèche généralement par prudence, cite des études géographiques avançant le chiffre de trois millions pour quelque neuf mille milles carrés (vingt trois mille kilomètres carrés) dans l'intérieur du pays, qui ne représente qu'un dixième de tout le territoire maya. Il arrive à un total de quatre à cinq millions pour les basses terres, mais pense que cela pourrait être trop élevé. Dans *A Forest of Kings: The Untold Story of the Ancient Maya*, New York, Morrow, 1990, pp. 57-59, Linda Schele et David Freidel retiennent l'estimation d'un million pour le seul royaume de Tikal ; les autres États, peut-être une soixantaine à la fin du VIIIe siècle, comptaient moins de cinquante mille personnes chacun.

3. En dépit de la grande influence de Sumer sur les civilisations ultérieures, l'identité ethnique sumérienne a disparu. La langue ne survit que comme langue morte pieusement cultivée par les érudits, mais sans dialectes vivants qui lui soient apparentés.

4. Il existe plus de vingt dialectes apparentés mais distincts de la langue maya, chacun correspondant en gros au territoire d'une ancienne cité-État. Les locuteurs autochtones du maya s'intéressent de plus en plus au décodage des textes précolombiens, et des prêtres du calendrier maya, ou « gardiens des jours », ont gardé en vie depuis les temps anciens une partie de leur système calendaire. Au nombre des activistes politiques mayas figure Rigoberta Menchú, récipiendaire du prix Nobel de la paix en 1992. Voir W. George Lovell, *Conquest and Survival in Colonial Guatemala: A Historical Geography of the Cuchumatán Highlands 1500-1821*, Montréal, McGill-Queen's University Press, 1992 ; *A Beauty That Hurts: Life and Death in Guatemala*, Austin, University of Texas Press, 2000 ; Rigoberta Menchú, *Moi, Rigoberta Menchú : une vie et une voix. La révolution au Guatemala*, propos recueillis par Elisabeth Burgos, traduit de l'espagnol par Michèle Goldstein, Paris, Gallimard, 1983 ; Barbara Tedlock, *Time and the Highland Maya*, Albuquerque, University of New Mexico Press, 1982.

5. Ronald Wright, *A Scientific Romance*, Londres, Anchor, 1997, pp. 66 et 259 ; Ronald Wright, « Civilization is a Pyramid Scheme », *Globe and Mail*, 5 août 2000.

6. Edward Gibbon, *L'Histoire de la chute et du déclin de l'Empire romain*, trad. de l'anglais par M.-F. Guizot, Paris, Robert Laffont, 2000.

7. Le terme « néo-Europe » attribué entre autres aux États-Unis, à l'Australie, à l'Argentine... a été inventé par l'historien Alfred Crosby dans *Ecological Imperialism*, pp. 2-3. Je renvoie ici à l'expansion impérialiste des États-Unis sur leur propre continent au XIXe siècle. La mythologie nationale américaine y voit une œuvre de « pionniers » et de « colonisation », mais la conquête et la dépossession d'un peuple indien après l'autre, y compris des États autochtones organisés tels ceux des Cherokees et des Iroquois, étaient à l'évidence impérialistes, précurseurs dans les faits, sinon dans les termes, du *Lebensraum* allemand. L'historienne américaine Patricia Nelson Limerick écrit : « Il n'y a pas de fait plus certain dans l'histoire américaine que celui de la conquête. En Amérique du Nord, comme en Amérique du Sud, [...] les Européens ont envahi un pays pleinement occupé par les autochtones. » (*Something in the Soil*, New York, Norton, 2000, p. 33.)

8. On oublie souvent que la sculpture classique était à l'origine peinte de couleurs vives et ornée de vêtements, d'orfèvrerie et de perruques, non sans ressemblance avec les images religieuses médiévales.

9. L'une des pires caractéristiques de la chèvre est qu'elle peut atteindre les branches basses des arbres et faire mourir même des sujets adultes en rongeant leur écorce. Dans *Middle East*, p. 91, W. B. Fisher écrit : « Le pâturage incontrôlé, en particulier par la "dent aiguisée et empoisonnée de la chèvre", est l'une des causes fondamentales du retard de l'agriculture au Moyen-Orient. » Les moutons représentent aussi parfois un problème, surtout lorsqu'ils sont introduits ailleurs que dans leur aire naturelle, là où les plantes indigènes peuvent se révéler incapables de résister à leur consommation.

10. J'ai vu au Pérou des champs cultivés sur des pentes si abruptes que les fermiers en tombaient parfois littéralement.

11. Voir Ponting, *Green History*, p. 76.

12. Cité *ibid.* pp. 76-77 ; voir aussi Richard Manning « The Oil We Eat », *Harper's*, février 2004 ; la version française du *Critias* est celle d'Émile Chambry, extraite du site http://ugo.bratelli.free.fr/Platon/Platon-Critias.htm

13. 13. Ovide, *Amours*, traduit du latin et présenté par André Daviault et Philippe Heuzé, Paris, Payot et Rivages, 1996, III, 8.

14. La ville est celle de Salamis.

15. Voir Tainter, *Complex Societies*, p. 132.

16. Voir Milton, *Paradis perdu*.

17. Voir Trigger, *Early Civilizations*, pp. 8-9.

18. La période allant de 27 avant J.-C. à 284 de notre ère est connue des historiens sous le nom de principat ; elle fut suivie du dominat. Ce n'est qu'avec Dioclétien que les empereurs devinrent officiellement des monarques, avec toute la panoplie des despotes orientaux.

19. Les « bellicistes » ne voyaient pas pourquoi Rome ne pourrait pas faire encore mieux en suivant la « route de la soie » jusqu'à son point de départ, près de l'océan qui baigne l'autre côté du monde.

20. Les estimations pour Rome vont de quatre cent mille habitants à un million, bien qu'on ne sache pas au juste quelle proportion de la cité-État environnante est incluse dans ces chiffres. Même si la plupart des Romains vivaient dans des logements surpeuplés, les cinq milles carrés (une douzaine de kilomètres carrés) ceinturés par la muraille d'Aurélien n'ont guère pu abriter plus de quelques centaines de milliers de personnes, d'autant qu'il s'y trouvait de nombreux parcs et édifices publics. Il est possible que la conurbation romaine incluant banlieues éloignées, bidonvilles et villas ait approché le million à son apogée. Les autres cités de l'Empire romain étaient beaucoup plus petites, sauf Constantinople, dont la population fut de deux cent mille à quatre cent mille habitants au IVe siècle de notre ère, de même qu'Antioche, en Syrie. On pense qu'à son apogée, c'est-à-dire entre le Ier et le VIIe siècle de notre ère, Teotihuacán comptait deux cent cinquante mille personnes ; cette cité du Mexique en forme de quadrillage couvrait huit milles carrés (vingt et un kilomètres carrés). Quant aux anciennes villes chinoises, bâties surtout en bois et en terre, pas grand-chose n'en a subsisté qui permettait d'avancer des estimations ; toutefois, à la fin de la période Chou (aux IVe et IIIe siècles avant J.-C.), la cité de G'a-to couvrait quelque douze milles carrés (trente et un kilomètres carrés) et aurait pu abriter une population de deux cent soixante dix mille personnes. Voir Paul

Wheatley, *The Pivot of the Four Quarters: A Preliminary Inquiry into the Origins and Character of the Ancient Chinese City*, Edinburgh, Edinburgh University Press, 1971, p. 183. En Chine, l'urbanisme ne s'est développé sur une grande échelle qu'au XIe siècle de notre ère, lorsque la population de plusieurs villes atteignit plusieurs centaines de milliers d'habitants.

21. Voir Webster, *Fall of the Ancient Maya*, p. 150 ; Goudie, *Natural Environment*, p. 32.

22. La ville de Mexico, qui incluait les cités jumelles de Tenochtitlán et Tlatelolco, était construite sur des îles artificiellement élargies au milieu d'un grand lac qui fut asséché par la suite. Elle possédait des latrines publiques et employait un millier de balayeurs de rue. Les eaux usées étaient emportées en pirogue pour fertiliser les champs. Selon Cortés lui-même, les dimensions de sa grand-place étaient telles qu'une ville de cinq cents habitants aurait pu y tenir, et quarante « tours » (pyramides) s'y dressaient, dont la plus élevée était « plus haute que le clocher de la cathédrale de Séville » (cité dans Viola et Margolis, *Seeds of Change*, pp. 36-37). En 1519, la cité avait environ deux cent cinquante mille habitants et n'en a jamais compté davantage jusqu'à la fin du XIXe siècle. Dans *The City after the Automobile: An Architect's Vision*, Toronto, Stoddart, 1997, p. 85, Moshe Safdie note la croissance extraordinaire de Mexico, dont la population est passée de trois cent quarante-cinq mille personnes en 1900 à vingt et un millions dans les années 1990.

23. Voir les chapitres 2 et 3.

24. Voir la description que fait Dickens de « Coketown » dans *Les Temps difficiles*, cité à la note 39 du chapitre 5 ci-après.

25. Voir Tainter, *Complex Societies*, p. 143. Dans le cas cité, les pièces d'argent étaient des drachmes égyptiennes, alignées sur le denier et également dévaluées. Dans *Middle East*, p. 160, Fisher, à la suite de Pline, note qu'à mesure que s'intensifiait le commerce de la soie et d'autres articles de luxe orientaux entre Rome et l'Extrême-Orient « le quart ou la moitié » de l'or et de l'argent de l'Empire s'écoulait en Asie.

26. Voir Tainter, *Complex Societies*, p. 147. En 378, par exemple, des mineurs des Balkans s'enfuirent chez les Visigoths.

27. Dans la région de Biferno, l'impact fut « sans pareil dans l'histoire de la vallée jusqu'aux temps modernes », écrit Redman dans *Human Impact*, p. 116. Il en va de même pour le bassin de Vera, dans le sud-est de l'Espagne : hausse abrupte de la population (et de l'érosion), suivie d'un effondrement dès l'an 400 de notre ère. La vallée avait déjà subi, à l'âge du bronze, un autre cycle de destruction causé par la culture intensive de l'orge ; elle avait alors été abandonnée pendant un millier d'années, jusqu'aux débuts de l'époque romaine.

28. Neuf mètres.

29. Voir Ponting, *Green History*, pp. 77 78.

30. Un peu plus d'un kilomètre carré.

31. Voir le poème en moyen-saxon « The Ruin », dans l'*Exeter Book*.

32. Dix hectares.

33. Si le monde de l'époque comptait deux cents millions d'habitants, je pense qu'il est vraisemblable que les Amériques, comme la Chine et les Indes, avaient une population de trente à cinquante millions. Les estimations avancées par Ponting – seulement cinq millions pour tout le Nouveau Monde en 200 de notre ère et quatorze millions en 1300 – sont beaucoup trop faibles (voir Ponting, *Green History*, pp. 92-93). La plupart des experts

admettent maintenant que le Nouveau Monde comptait quatre-vingt à cent millions de personnes en 1492, pour un total mondial de trois cent cinquante à quatre cents millions.

34. Le premier horizon, dit « de Chavín », est nommé d'après une cité-temple du centre des Andes appelée Chavín de Huantar. Certains experts pensent que ses ruines de pierre finement sculptées sont celles d'un centre de pèlerinage ; d'autres sont d'avis que c'était la capitale politique.

35. Près de quatre mille mètres.

36. Tiwanaku (ou Tiahuanaco) comptait entre trente mille et soixante mille habitants. Capitale d'un empire finalement ruiné par les sécheresses, Tiwanaku a laissé des canaux, des champs en terrasses et des monuments mégalithiques si finement ciselés qu'ils allaient impressionner les Incas mille ans plus tard. Sa relation avec la cité de Wari (Huari), près de la ville moderne d'Ayacucho, demeure obscure ; bien qu'elles aient partagé un style artistique et une certaine iconographie, il se peut qu'elles aient été des cités rivales. Voir Alan Kolata, *Tiwanaku and Its Hinterland: Archaeology and Paleoecology of an Andean Civilization*, Washington DC, Smithsonian Books, 1996, et Charles Stanish, *Ancient Titicaca: The Evolution of Complex Society in Southern Peru and Northern Bolivia*, Berkeley, CA, University of California Press, 2003.

37. Vingt et un kilomètres carrés.

38. L'homme blanc ne fut pas le premier à se rendre coupable de l'étalement urbain découpant d'immenses rectangles dans le paysage américain.

39. Dans *Fall of the Ancient Maya*, p. 297, Webster note la présence de pollen de maïs à Copan en 2000 avant J.-C. D'autres cités mayas ont aussi débuté comme villages agricoles à peu près à cette époque.

40. Le glyphe le plus ancien figure sur une stèle à El Portón, dans les hauts plateaux du Guatemala. Voir Sharer, *Ancient Maya*, p. 79.

41. Neuf hectares.

42. Il s'agit de la plate-forme de Danta à El Mirador, qui mesure mille pieds (trois cents mètres) de côté sur deux cent trente pieds (soixante-dix mètres) de long. Une partie de son volume tient à un monticule naturel, mais on connaît d'autres édifices de taille comparable datant de cette époque. La base du complexe d'El Tigre est six fois plus large que celle du plus grand temple classique de Tikal. *Ibid.* pp. 114 *et sq.*

43. Soixante mètres.

44. Dans l'Ancien Monde, les Babyloniens sont parvenus bien près d'un système de numération pondérée, mais le zéro semble en avoir été absent. Certains experts croient maintenant que les Babyloniens tardifs avaient mis au point un véritable zéro vers 300 avant J.-C., lorsque Alexandre installa la dynastie séleucide. Si cette hypothèse se vérifie, le zéro hindou aurait pu provenir de Babylone. Il est admis depuis longtemps que le système moderne, dit « arabe », est d'abord apparu dans le nord de l'Inde au VIe siècle de notre ère, puis s'est répandu à Bagdad au VIIIe siècle. Les mathématiciens européens ont commencé à distinguer les avantages du système au XIIe siècle, mais son adoption complète devait prendre encore des siècles. Les Olmèques et les Mayas ont probablement perfectionné leur système au VIe siècle avant J.-C., plus de mille ans avant les Hindous (et deux ou trois siècles avant la Babylone séleucide). Curieusement, bien que le système maya soit vigésimal (avec pour unité la vingtaine), les langues mayas impliquent qu'il existait un compte décimal : le mot signifiant « treize » (*oxlahun*) est un composé des mots « trois » (*ox*) et « dix » (*lahun*), comme c'est le cas en anglais et dans la plupart

des langues. Les Incas d'Amérique du Sud possédaient aussi le zéro dans un système décimal, mais la date de son origine est inconnue. Certains chercheurs qui croient au contact transpacifique suggèrent que l'arithmétique asiatique a pu être influencée par celle des Amériques, théorie controversée, mais non absurde étant donné en particulier l'extrême rareté de l'invention du zéro.

45. L'écriture égyptienne est plutôt différente de celle des Sumériens, mais la notion même d'écriture a pu venir de Sumer. Il en va peut-être de même pour l'écriture de la vallée de l'Indus, qui n'a toujours pas été déchiffrée. Le syllabaire cherokee inventé par les Sequoyahs au début du XIXe siècle est un cas intéressant et bien documenté d'écriture stimulée par une autre, mais non copiée sur elle. Pour l'histoire du décodage de l'écriture maya, voir Michael D. Coe, *Breaking the Maya Code*, Londres, Thames & Hudson, 1992.

46. Dans *Early Civilizations*, pp. 8 *et sq.*, Trigger note que les civilisations qui ont elles-mêmes inventé un système entier d'écriture l'ont fait dans leurs débuts.

47. Pour un bon résumé de l'astronomie maya, voir Sharer, *Ancient Maya*. Et pour une description du fonctionnement du calendrier et des exemples de computations temporelles lointaines, voir Ronald Wright, *Time among the Maya*, Londres, Bodley Head, 1989. Eric Thompson, *Maya Hieroglyphic Writing*, Norman, University of Oklahoma Press, 1971, et David H. Kelley, *Deciphering the Maya Script*, Austin, University of Texas, 1976 figurent toujours parmi les meilleures références sur le calendrier, bien que leurs travaux sur l'écriture soient maintenant dépassés.

48. Voir Sharer, *Ancient Maya*, p. 471.

49. Voir *ibid.*, pp. 467-476. Contrairement à celles du Mexique, la plupart des cités mayas n'étaient pas bâties sur un plan quadrillé ; la zone urbaine se fondait graduellement dans la campagne environnante. Les « limites » de Tikal étaient délimitées par des ouvrages de terrassement et des bassins entourant le centre-ville, d'environ cinquante milles carrés (cent vingt kilomètres carrés). Certains spécialistes des Mayas soutiennent qu'il y existait un réseau de nombreuses cités-États, théoriquement indépendantes encore que réparties dans une hiérarchie du pouvoir assez semblable à celle des États-nations modernes. D'autres croient que certaines des plus grandes cités établirent des empires éphémères, comme Athènes en Grèce.

50. Deux cents au kilomètre carré.

51. Voir Sharer, *Ancient Maya*, p. 471, ainsi que T. Patrick Culbert et Don S. Rice (éd.), *Precolumbian Population History in the Maya Lowlands*, Albuquerque, University of New Mexico Press, 1990. Voir aussi Webster, *Fall of the Ancient Maya*, pp. 173-174, pour un résumé de la question démographique. Je pense toutefois qu'il sous-estime l'étendue de l'agriculture intensive, et sa description des cités mayas comme simples « centres de la royauté » paraît redonner vie au modèle du centre cérémoniel, depuis longtemps mis en doute. Par ailleurs, son livre donne le meilleur compte rendu, et le plus récent, de l'effondrement des Mayas.

52. Les Aztèques, qui pratiquaient des méthodes semblables dans les lacs peu profonds entourant Mexico, faisaient jusqu'à quatre récoltes par an. En pays montagneux, les Mayas aménageaient parfois des terrasses pour retenir la terre, mais pas à l'échelle de l'Asie ou des Andes. Les habitants de la cité de Tiwanaku, haut perchée dans les Andes boliviennes, avaient aussi aménagé des champs surélevés autour du lac Titicaca, même s'ils ne pouvaient y cultiver que la pomme de terre et des plantes de haute altitude, notamment l'olluco et le quinoa. Dans leur cas, les canaux agissaient comme bassins de chaleur pour prévenir

le gel ; leur réaménagement dans certaines régions a entraîné de fortes augmentations du rendement. Dans *Early Civilizations*, Trigger décrit des modes anciens de production alimentaire, notamment ceux des Aztèques.

53. L'ouvrage de Huxley sur l'archéologie maya, *Beyond the Mexique Bay*, Londres, Paladin, 1984, est excentrique et maintenant obsolète, mais demeure un livre intéressant sur cette région dans les années 1930.

54. Des maquettes impressionnantes des édifices mayas figuraient à l'exposition internationale de Chicago en 1893. Pour une passionnante analyse de l'influence précolombienne sur l'art et l'architecture modernes, voir Barbara Braun, *Pre-Columbian Art and the Post-Columbian World: Ancient American Sources of Modern Art*, New York, Abrams, 1993.

55. Ces édifices sont tous apparus dans les cent quinze années séparant la victoire de Tikal sur sa rivale acharnée Calakmul, en 695, de l'achèvement du temple III en 810 ou avant cette date. Voir Webster, *Fall of the Ancient Maya*, chap. 8. Ils semblent avoir été tous conçus comme des tombes royales en une appropriation souveraine de l'espace public, chose nouvelle en Méso-Amérique, puisque auparavant les rois et les nobles étaient inhumés dans les temples-pyramides déjà existants. La crypte la plus impressionnante est la tombe de Pascal à Palenque, découverte intacte avec son cortège de serviteurs massacrés jonchant les corridors et les escaliers.

56. Ou quelque part entre 790 et 792. Ces dates ont été mal préservées.

57. À l'exception d'un vague sursaut en 869.

58. Certains experts contestent toujours la concordance entre notre calendrier et celui du compte long, mais la plupart acceptent celle de Goodman-Martinez-Thompson dans l'une de ses deux versions, qui ne diffèrent que de deux jours. Bien que les Mayas de l'époque postclassique aient abandonné le compte long, ils l'avaient gardé en mémoire et ont continué d'utiliser le calendrier dit « de l'année vague » jusqu'à la conquête espagnole. Jusqu'à ce jour, des prêtres du calendrier ont conservé des parties de ce système au Guatemala. Récemment, ils ont eux-mêmes remis le compte long en usage et impriment des almanachs.

59. Webster, *Fall of the Ancient Maya*, pp. 273-274.

60. *Ibid.*, p. 312.

61. *Ibid.*, p. 317.

62. *Ibid.*, p. 309.

63. Si la sécheresse avait été la cause principale, c'est le Yucatán, aride même les bonnes années, qui aurait le plus souffert. Les pluies moyennes atteignent trente-sept pouces (quatre-vingt-quatorze centimètres) à Mérida, soit environ la moitié de la moyenne de Tikal (webster, *Fall of the Ancient Maya*, p. 244). Il n'y a ni rivière ni lac dans presque tout le Yucatán, mais seulement des eaux souterraines dans les *cenotes* (du mot maya *dzonot*) naturels et les citernes artificielles. La pluie a toujours été là-bas un grand motif d'angoisse ; nombre des anciens édifices du Yucatán sont couverts des faces sculptées de Chac, dieu de l'Eau et de la Pluie. Mais c'est dans l'intérieur que le déclin des Mayas s'est fait sentir le plus durement, dans la jungle de Peten. Au nord, dans le Yucatán, et au sud, dans les hauts plateaux, la civilisation maya a continué de bâtir des villes et de transcrire son savoir ancien bien après la conquête espagnole. Certains Mayas du Yucatán savaient encore lire et écrire leur script ancien jusqu'au début du XVIIIe siècle. Certes, il est vrai que quelques villes mayas ont survécu dans la jungle, notamment Tayasal, sur le lac Peten Itza, ainsi que Lamanai et Tipu au Belize, mais c'étaient de modestes agglo-

mérations. Je doute qu'à l'arrivée des Espagnols la population de la jungle ait atteint ne fût-ce que le dixième de ce qu'elle était pendant la période classique. Par la suite, les maladies importées d'Europe et d'Afrique empêchèrent tout rétablissement démographique jusqu'à l'ère victorienne. Toutefois, jusqu'à la conquête de Tayasal, en 1697, la population s'augmentait de temps en temps de réfugiés des territoires espagnols.

64. La civilisation maya avait apparemment déjà subi deux crises : à la fin de la période préclassique (vers 200 de notre ère), puis, de nouveau, au milieu de la période classique (au VIe siècle). Une grave sécheresse aurait pu être un facteur de guerre et de perturbations, mais non la cause d'un effondrement général.

65. En Europe, au milieu du XIVe siècle, la peste a soulagé la pression environnementale, tandis que la pénurie de main-d'œuvre entraînait l'innovation et la mobilité sociale. Le rétablissement des Mayas a été interrompu par la variole et d'autres maladies apportées par les Espagnols.

66. Gravement érodée à l'époque romaine, la vallée de Biferno ne montre pas d'autres périodes d'exploitation et d'érosion intense jusqu'au XVe siècle (Redman, *Human Impact*, p. 116). L'étude des pollens dans la cité maya de Copan indique que la forêt a commencé à s'y rétablir vers 1250 de notre ère. Dans *Fall of the Ancient Maya*, pp. 312-314, Webster décrit la stratigraphie moderne des champs de maïs parmi les ruines. Le renouveau agraire dans cette région et dans la jungle est récent dans l'ensemble ; des explorateurs tels que John L. Stephens et Frederick Catherwood n'ont vu que très peu de cultures au milieu du XIXe siècle. Comme je l'ai déjà signalé, l'Afrique du Nord, elle, ne s'est jamais remise de l'Empire romain et est maintenant en grande partie désertique.

67. Les zones montagneuses avaient été boisées pendant une période après la fin de l'âge glaciaire, mais étaient déjà surtout désertiques à l'aube de la civilisation égyptienne.

68. Trente-neuf mille kilomètres carrés.

69. En trois mille ans, les seules innovations d'envergure furent l'introduction de l'irrigation *shadduf* (à la perche et au seau) vers 1300 avant J.-C. et de la *sagiya* (la roue à aubes) vers 300 avant J.-C. Les outils de pierre, notamment les faucilles et couteaux en silex, étaient encore très répandus à l'époque du Moyen-Empire.

70. L'écologie de l'Égypte s'est beaucoup modifiée depuis la construction du grand barrage d'Assouan, dans les années 1950. Comme le flux de limon n'atteint plus les champs, il a été remplacé par le fumier et les engrais chimiques ; la salinisation et l'engorgement sont devenus des problèmes graves. Dans son étude « Egypt through the New Kingdom: Civilization without Cities » *in* C. H. Kraeling et Robert McCormick Adams (éd.), *City Invincible*, Chicago, University of Chicago Press, 1960, J. A. Wilson qualifie l'Égypte de « civilisation sans cités », parce que la plus grande part de son peuple vivait dans de petits villages établis sur les terrains arides en arrière des champs bordant le fleuve.

71. À partir de 3000 avant J.-C. jusqu'à 1500 de notre ère, le taux moyen de croissance démographique mondiale était de 0,1 % (voir Ponting, *Green History*, pp. 89-90), la population doublant environ tous les huit cents ans. On pense que le Haut-Empire d'Égypte comptait de un million deux cent mille à deux millions de personnes ; le Moyen-Empire, entre deux et trois millions. Il y a probablement eu une pointe de six ou sept millions au début de l'époque ptolémaïque, mais ce nombre avait déjà quelque peu chuté à l'époque romaine. Aussi récemment qu'en 1882, la population totale n'était encore que de six millions sept, n'affichant dans l'ensemble aucun accroissement depuis les pharaons (voir Alfred Crosby, *The Columbian Exchange: Biological and Cultural Consequences of 1492*, Westport, CN, Green-

wood Press, 1972, p. 190). En 1964, elle était passée à vingt huit millions neuf cent mille ; Crosby attribue une bonne partie de cette hausse à l'introduction du maïs. Depuis 1964, la population a de nouveau doublé, mais les Égyptiens consomment maintenant du blé importé et donnent leur maïs au bétail (voir Timothy Mitchell, « The Object of Development: America's Egypt » *in* Jonathan Crush (éd.), *The Power of Development*, Londres, Routledge, 1995).

72. Cent cinquante au kilomètre carré.

73. L'étude de momies égyptiennes montre que même les membres des classes supérieures étaient en mauvaise santé. Les parasites infectieux se répandaient dans les lieux surpeuplés, et l'eau était fréquemment insalubre ; par ailleurs, les classes inférieures lourdement exploitées souffraient aussi de malnutrition.

74. La principale culture était le millet, jusqu'à ce que le blé apparaisse vers 1300 avant J.-C. Il a fallu six cents ans pour que le blé gagne la Chine après avoir été domestiqué à l'autre bout du continent – pas vraiment rapide comme transition technologique dans l'Ancien Monde, contrairement à ce que soutient Diamond (*Guns, Germs and Steel*).

75. Le principal article de commerce était la soie, qui circulait indirectement de la Chine à Rome, le long de la route du même nom. Chaque empire n'avait qu'une vague idée de l'existence de l'autre.

76. Les statistiques chinoises révèlent presque une famine par an dans au moins une province, à partir de 108 avant J.-C. et jusqu'en 1910 (voir Ponting, *Green History*, p. 105).

5. La rébellion des ustensiles

1. Tainter, *Complex Societies*, p. 59.

2. Des portions de l'Ancien Monde, notamment l'Europe et l'Afrique du Nord, ont perdu près du tiers de leur population à cause de la peste qui a sévi au milieu du XIVe siècle. En Europe, cela a eu pour effet de disloquer les hiérarchies anciennes et de susciter le développement d'un machinisme simple, les moulins par exemple. Dans le monde musulman, la forte baisse de main-d'œuvre a nui aux travaux d'irrigation et entraîné un déclin économique, contribuant ainsi à la reconquête de l'Espagne par les chrétiens. En 1500, les pandémies européennes n'avaient pas encore frappé la population du Nouveau Monde, qui atteignait probablement quatre-vingt à cent millions, soit entre le cinquième et le quart du total mondial. Dès 1600, dans les régions densément peuplées comme la Méso-Amérique, les Andes et le sud-est de l'Amérique du Nord, les niveaux de population étaient tombés de plus de 90 %. Une perte globale d'au moins cinquante millions d'habitants pour le Nouveau Monde dans le courant du XVIe siècle serait une estimation prudente ; les pertes ont pu se chiffrer à soixante-quinze millions, ou même davantage.

3. La population mondiale croît actuellement d'un peu plus de soixante-dix millions par an, contre quatre-vingt-dix millions par an dans les années 1980.

4. Redman, *Human Impact*, p. 124. Ainsi, la vallée de Colca (*qollqa* signifie « grenier ») était déjà presque entièrement aménagée en terrasses du temps des Incas, et l'on trouve des terrasses encore en exploitation le long de la vallée d'Urubamba, près de Cuzco. Le guano était extrait par des marchands chinchas et transporté jusque dans les montagnes à dos de lama sur des routes pavées. L'usage du guano par les Incas aurait été indéfiniment durable s'il n'avait battu de vitesse l'accumulation des dépôts de fiente par les pélicans. À l'exemple de l'Égypte et de la Chine, le Pérou avait été choyé par la nature. Les dépôts

furent redécouverts et exploités lors du tristement célèbre « boom du guano » de l'ère victorienne. Voir aussi la note 25 ci-après.

5. Ce nom signifie en gros « les quatre quartiers réunis ».

6. Près de cinq mille kilomètres.

7. L'Empire aztèque était peut-être un peu plus peuplé que l'Empire inca, lequel était beaucoup plus vaste, mais moins urbanisé. Les estimations s'échelonnent entre six et trente-deux millions d'habitants pour les Incas, et entre douze et vingt-cinq millions pour les Aztèques, les hypothèses les plus élevées étant de plus en plus consédérées comme vraisemblables. Peu importent les chiffres réels, on peut présumer sans crainte d'erreur que la Méso-Amérique (qui incluait les Mayas et d'autres peuples échappant à la domination aztèque) et Tawantinsuyu (l'Empire inca) constituaient au moins la moitié de la population du Nouveau Monde. Pour un exposé peu récent mais toujours utile des estimations et sources sur la population mondiale, voir Fernand Braudel, *Civilisation matérielle, économie et capitalisme, XVe-XIIIe siècle. Les Structures du quotidien*, Paris, Armand Colin, 2000.

8. Vingt-deux mille cinq cents kilomètres.

9. L'économie dirigée fonctionnait surtout au niveau impérial. Les peuplades locales semblent avoir géré leurs propres affaires jusqu'à un certain point. Les Chinchas, par exemple, ont joué un rôle important comme commerçants maritimes ; ils faisaient le commerce de marchandises de luxe avec Panamá, et peut-être aussi avec l'ouest du Mexique. Des sources espagnoles et autochtones anciennes confirment que les nécessités vitales élémentaires – nourriture, abri, vêtement – étaient prises en charge par l'État inca en temps de disette. De toute évidence, la production alimentaire suffisait à la demande, même si la population était nombreuse pour le milieu rude et inégal de la région andine. Pendant trois siècles, la nostalgie d'un âge d'or qu'on appelait « le temps des Incas » devint le leitmotiv des révoltes contre les Espagnols. Les chefs rebelles, y compris celui d'entre eux qui était né en Argentine de parents espagnols au XVIIe siècle, prirent des noms et titres incas. Voir Luis Millones, « The Time of the Inca: The Colonial Indians' Quest », *Antiquity*, n° 66, 1992, pp. 204-216. Le plus grand soulèvement indien, la révolte d'Inca Tupac Amaru II, un authentique descendant de la royauté inca, parvint presque à expulser les Espagnols du Pérou quarante ans seulement avant que les révoltes des *criollos* (colons blancs) n'entraînent la création des républiques d'Amérique latine. Le Mexique ne connut pas d'efforts comparables en vue de réinstaurer la règle aztèque, bien que des éléments du monde précolombien aient inspiré le nationalisme mexicain.

10. Dans *Religion and Empire*, Cambridge, Cambridge University Press, 1984, Geoffrey W. Conrad et Arthur A. Demarest soutiennent que la dynamique politique d'expansion rendait les deux empires intrinsèquement instables. C'est peut-être vrai, même si à mon avis cela s'applique aussi bien à n'importe quel empire arrivé à une étape comparable (Rome aux temps de Jules César, par exemple). Fortement exploiteuse et largement détestée, l'hégémonie aztèque était sans doute la moins solide des deux. L'évidence montre aussi que ces empires tentaient tous deux de se réformer pour atteindre la stabilité à long terme. Il importe de se rappeler que les guerres civiles et la désintégration que Pizarro a trouvées au Pérou résultaient entièrement de la variole et d'autres plaies importées de l'Ancien Monde.

11. Une épidémie de variole tue généralement de 50 à 75 % des sujets en « sol vierge ». Une chronique maya donne un aperçu de l'effet initial de la peste sur la famille régente d'un royaume : des quatre régents cakchiquel mentionnés par leur nom, trois moururent en même temps. Huayna Capac du Pérou (le père d'Atahualpa) et son héritier désigné

périrent, ainsi que Cuitlahuac, qui avait pris le pouvoir au Mexique après la mort de Moctezuma. On pense que toutes ces pandémies ont éclaté par contamination animale dans l'Ancien Monde, particulièrement en Asie. L'agriculture du Nouveau Monde dépendait plus des plantes ; et les animaux américains qui furent domestiqués ne semblent pas avoir été porteurs de maladies transmissibles à l'homme.

12. Voir Crosby, *Ecological Imperialism*, p. 200.

13. En 1517 et 1518, Francisco Hernandez et Juan de Grijalva furent défaits dans des batailles contre les Mayas le long des côtes du Yucatán et du golfe du Mexique. Un autre Espagnol, Alejo Garcia, envahit l'Empire inca du Paraguay au début des années 1520 et fut aussi repoussé. En 1521, Ponce de León fut tué en Floride, et ses hommes battirent en retraite. La plus grande victoire indigène fut la *noche triste*, la nuit triste, à Mexico. Sur quelque mille deux cents Espagnols, la plus grande armée européenne des premières guerres de la conquête, près de neuf cents succombèrent. Bernal Díaz, qui était présent, donne le chiffre de huit cent soixante, y compris un certain nombre de morts à Otumba. Les Aztèques capturèrent ou tuèrent quarante-six des soixante-neuf chevaux espagnols. Cortés se replia et reçut des renforts de Cuba, mais il ne risqua aucune nouvelle attaque jusqu'à ce que la variole éclate dans la capitale mexicaine quelques mois plus tard. Voir Ronald Wright, *Stolen Continents*, p. 43.

14. Si ma mémoire est bonne, Jimmy Carter interrompit ce programme à la suite d'un tollé général.

15. La conquête du Mexique a été une lutte de deux ans, que les Aztèques étaient sur le point de remporter lorsque la variole a éclaté. Au Pérou, la vraie guerre commença après le meurtre judiciaire d'Atahualpa, lorsque Manco, son demi-frère inca, assiégea la capitale de Cuzco et tenta d'en expulser les Espagnols par le feu. Par la suite, Manco et son fils établirent un État inca libre, d'où ils menèrent la guérilla pendant près de quarante ans. Les guerres civiles modernes des années 1980 au Pérou et au Guatemala, la révolte des Chiapas dans les années 1990 et, en 1990, la crise d'Oka au Canada ont toutes été suscitées par des conflits non résolus entre Blancs et Amérindiens. Toutefois, les chefs du soulèvement du Sentier lumineux au Pérou exploitaient, plutôt qu'ils ne défendaient, les aborigènes péruviens.

16. Frère Motolinía, cité dans Crosby, *Columbian Exchange*, p. 52.

17. Francis Jennings, *The Invasion of America: Indians, Colonialism and the Cant of Conquest*, New York, Norton, 1976, p. 30. Cela s'applique en particulier à l'Amérique du Nord et à une partie des basses terres des tropiques, où plus d'un siècle s'écoula entre l'effondrement de l'ancienne population et l'arrivée de la nouvelle. Comme dans les jungles mayas, une bonne partie de la prétendue « forêt vierge » de l'est de l'Amérique du Nord était un peuplement secondaire ayant poussé dans les champs de maïs, les villes et les territoires de chasse que les Indiens avaient abandonnés. Jennings (un ouvrage essentiel, à mon avis) précise que l'Amérique du Nord n'était pas « vierge » ; elle était « veuve ».

18. Dès 1600, les populations du Pérou et du Mexique avaient chuté d'environ un million chacune, pertes correspondant à 95 % du total à peu près ; elles commencèrent à lentement se rétablir au XVIIIe siècle. On a estimé que pendant trois siècles d'exploitation minière à Potosí (Bolivie), plus d'un million d'Indiens des Andes sont morts au travail. Ils étaient conscrits, en vertu d'une perversion de l'ancien système inca sur la main-d'œuvre imposée, mais sans jouir d'aucun de ses avantages.

19. L'or de Cajamarca pesait environ sept tonnes ; trois autres tonnes furent dérobées

à Cuzco. Cortés en prit environ une tonne à Moctezuma. La valeur réelle du métal dans l'Europe d'alors était bien supérieure à ce que son poids suppose aujourd'hui.

20. Karl Marx, *La Misère de la philosophie. Réponse à la « Philosophie de la misère » de M. Proudhon*, Paris, Union générale d'édition, 1964, p. 446.

21. En 1991, le Smithsonian Institute réalisa une importante exposition appelée « Seeds of Change ». Voir Viola et Margolis, *Seeds of Change*, catalogue qui inclut notamment des articles d'Alfred Crosby et de William H. McNeill. La pomme de terre présentait les avantages supplémentaires de pousser en climat froid et d'être difficile à saisir ou à détruire en temps de guerre. Dans le nord de l'Europe, la pomme de terre fournissait quatre fois plus de calories que n'en donnait un acre de seigle. Voir William H. McNeill, « American Food Crops in the Old World », *ibid.* p. 45. McNeill oublie de mentionner que le manioc, très important dans l'ouest de l'Afrique, avait été importé des Amériques avant 1600. La patate douce américaine s'est répandue dans toute l'Asie du Sud-Est, y compris en Chine et dans le Pacifique. Le maïs a certains inconvénients : il exige plus d'eau que le blé et ne constitue pas une alimentation équilibrée, à moins d'être combiné au haricot. Néanmoins, dès la fin du XXe siècle, le tonnage de maïs et de pommes de terre produit dans le monde équivalait presque à ceux du blé et du riz (*ibid.*, pp. 43-44).

22. Surpeuplée, l'Europe a connu de nombreuses famines pendant une bonne partie du Moyen Âge (sauf pour quelques générations après la Grande Peste), mais les gens étaient toujours attachés à la terre. La pomme de terre a joué un rôle particulièrement important pour la croissance démographique et l'industrialisation en Allemagne et en Russie.

23. Dans les premières années d'esclavage colonial de l'Espagne et de l'Angleterre, avant l'instauration de la traite africaine, des Amérindiens étaient enlevés d'Amérique et amenés en Europe. Cependant, la mortalité était si forte parmi eux que ce trafic se révéla peu rentable.

24. Ce point est également bien expliqué dans Viola et Margolis, *Seeds of Change*.

25. Le guano est constitué d'excréments d'oiseaux de mer amoncelés en couche épaisse sur les îles désertes au large du littoral. (Le mot « guano » provient du mot quechua *wanu*, qui signifie « crottin » ou « fumier ».) Au XIXe siècle, ces dépôts furent rapidement épuisés, surtout par des entreprises britanniques ; les travailleurs étaient des bagnards et des esclaves, y compris des centaines de Pascuans enlevés de l'île de Pâques (voir les notes du chapitre 3). Au début du XXe siècle, des dépôts semblables furent découverts en Micronésie, sur Banaba et Nauru ; ils sont à présent épuisés, et il n'en existe probablement pas d'autres. Le procédé Haber-Bosch, communément utilisé dans la fabrication d'engrais chimiques, combine l'azote de l'air avec de l'hydrogène provenant du gaz naturel ou du pétrole.

26. Voir Manning, « The Oil We Eat », pour une analyse alarmante des coûts cachés de l'agriculture moderne. Dans les civilisations préindustrielles, 80 à 90 % des gens étaient des paysans. Aujourd'hui, en Amérique du Nord, seulement 2 % des gens travaillent la terre. Cependant, si nous incluons tous ceux qui sont employés dans la construction de machines agricoles, l'industrie pétrolière et pétrochimique et l'industrie du transport liées à l'agriculture, le nombre véritable de travailleurs qui se consacrent à la production alimentaire est bien plus élevé. Dans « The End of Cheap Oil », *National Geographic*, juin 2004, pp. 80-109, Tim Appenzeller offre un bon aperçu de la situation dramatique dans laquelle se trouvent les énergies fossiles.

27. Voir McNeill, « American Food Crops », p. 59.

28. Les Anciens avaient développé plusieurs types de machines, notamment les pompes de fonçage ; Héro d'Alexandrie, pendant la période ptolémaïque, avait inventé une turbine

à vapeur rudimentaire, mais si un modèle fonctionnel a jamais été produit, il est demeuré une simple curiosité, comme les jouets à roulettes de Méso-Amérique ou les inventions de Léonard de Vinci. La Chine fabriquait du fer forgé dans des hauts fourneaux dès le Ier millénaire avant J.-C., et l'Europe médiévale était aussi plus inventive qu'on ne le reconnaît généralement. Aucune de ces technologies n'a « décollé » avant 1492.

29. Son best-seller, *Commentaires royaux sur le Pérou des Incas*, parut en 1609 en espagnol et en 1688 en anglais ; il a été traduit dans plusieurs autres langues. Sa mère était la fille de l'empereur Huayna Capac, père d'Atahualpa. Inca Garcilaso de la Vega est mort en 1616, la même année que Shakespeare et Cervantès.

30. Au sujet de la citation d'Adair, et pour plus d'informations sur les Iroquois et les Cherokees, voir Wright, *Stolen Continents*, chap. 4 et 5. Un siècle après Franklin, Friedrich Engels fut également impressionné par les Iroquois, signalant entre autres l'équilibre du pouvoir entre les sexes (*ibid.* p. 117).

31. Trente mètres.

32. Les Espagnols de Hernando de Soto ont observé ce type de sociétés dans tout le Sud-Est, et les Français ont rencontré des hiérarchies tout aussi développées le long du Mississippi. On peut encore voir d'impressionnantes pyramides de terre à Cahokia, près de Saint-Louis, à Etowah, près d'Atlanta, et dans divers autres sites, dans l'Est.

33. Les nations européennes, notamment la Grande-Bretagne, devinrent alors plus démocratiques qu'elles ne l'avaient jamais été depuis leurs humbles débuts mille ans auparavant. Chez eux, précisons-le ; la démocratie n'est pas faite pour les empires.

34. Voir Fukuyama, *La Fin de l'histoire*.

35. Publié en 1898, le roman de Wells est une satire des Britanniques à l'apogée de leur Empire : les grands colonisateurs se trouvent soudainement surclassés par des conquérants de l'espace. Wells a néanmoins décidé de donner à l'histoire un dénouement heureux, car dans son roman la maladie œuvre au désavantage plutôt qu'en faveur des envahisseurs.

36. Le serpent persuade Ève de goûter au fruit de l'arbre de la connaissance (ou de la vie) en lui affirmant : « Vos yeux s'ouvriront et vous serez comme des dieux. »

37. Le texte du Popol Vuh, écrit en quiché à l'aide de l'alphabet romain, provient des hautes terres du Guatemala du XVIe siècle, mais contient une mythologie qui remonte à la période classique. Il se peut que certaines parties du texte aient été transcrites de glyphes précolombiens. Il est tentant de penser que la parabole d'avertissement « La Rébellion des ustensiles » fait écho à la chute des Mayas classiques au IXe siècle.

38. *Popol Vuh, le livre du Temps. Histoire sacrée des Mayas quichés*, présenté et traduit par Pierre Des Ruisseaux en collaboration avec Daisy Amaya, Montréal, Le Castor astral, 1993, pp. 58-59.

39. Tiré du portrait que dresse Dickens de « Coketown » dans *Les Temps difficiles*, 1854, traduction d'Andrée Vaillant, Paris, Gallimard, 1956, p. 1027 : « C'était une ville de machines et de hautes cheminées d'où s'échappaient inlassablement, éternellement, des serpents de fumée qui ne se déroulaient jamais tout à fait. Elle avait un canal noir, et une rivière qui roulait ses eaux empourprées par de puantes teintures, et de vastes constructions criblées de fenêtres qui vibraient et tremblaient tout le long du jour et où le piston des machines à vapeur montait et descendait monotonement comme la tête d'un éléphant fou de mélancolie. Elle comptait plusieurs larges rues toutes fort semblables les unes aux autres, et beaucoup de petites rues encore plus semblables les unes aux autres, peuplées de gens également semblables les uns aux autres, qui tous sortaient et rentraient

aux mêmes heures, en marchant du même pas sur le même trottoir, pour aller faire le même travail, et pour qui chaque journée était semblable à celle de la veille et à celle du lendemain [...]. »

40. Extrait de *Coningsby*, publié en 1844.

41. En 1890, les dépenses militaires annuelles des grandes puissances européennes étaient de cent cinquante huit millions de livres sterling ; elles passèrent à deux cent quatre-vingt-huit millions en 1910 et à trois cent quatre-vingt-dix-sept millions en 1914. Voir Eric Hobsbawm, *The Age of Empire, 1875-1914*, New York, Random House, 1987, p. 350. La pièce d'Ibsen *Un ennemi du peuple*, écrite en 1882 sur le thème de la pollution de l'eau et de la corruption du civisme, est l'une des premières œuvres proenvironnementales. Voir Ibsen, 2003, dans la bibliographie.

42. Certaines estimations du nombre de victimes de la Grande Guerre se situent dans les quinze à vingt millions. L'épidémie de grippe qui incuba dans les tranchées et les hôpitaux de campagne fit entre vingt et quarante millions de victimes supplémentaires dans le monde.

43. Les victimes des deux guerres mondiales, y compris celles de la famine, des massacres et des persécutions, sont estimées à cent quatre-vingt-sept millions. Voir Martin Rees, *Our Final Century: Will the Human Race Survive the Twenty-First Century?*, Londres, Heinemann, 2003, p. 25. Le livre est paru en Amérique du Nord sous le titre *Our Final Hour*.

44. Techniquement, la maladie de la vache folle est l'encéphalopathie spongiforme bovine ou ESB. Il est maintenant avéré que les humains peuvent attraper la variante humaine de l'ESB, la maladie de Creutzfeldt-Jakob, en consommant de la viande contaminée, surtout si elle contient des tissus du cerveau ou de la moelle épinière, lesquels étaient souvent utilisés comme liants dans les hamburgers et les pâtés. Ce type de maladie, notamment la tremblante du mouton et le *kuru* des Néo-Guinéens pratiquant le cannibalisme rituel, n'est ni viral ni bactérien, et ne peut être détruit par les procédés habituels de stérilisation. Bien qu'on ne la connaisse pas à fond, on pense que la maladie de la vache folle est causée par une particule protéique autoreproductrice appelée prion. La période d'incubation chez les humains serait longue, de quelques années à trente ans.

45. Wright, *A Scientific Romance*, chap. 4.

46. Quatre mètres cinquante.

47. D'après un article de l'Agence France Presse, repris dans le *Globe and Mail* du 24 mars 2004.

48. Margaret Atwood, *Oryx and Crake*, Toronto, McClelland and Stewart, 2003, chap. 6.

49. Les Américains semblent élire ce genre de dirigeant au moins une fois par génération (encore qu'on ne puisse guère les blâmer de s'être déplacés jusqu'aux urnes lors de l'élection de George W. Bush en 2000). Comme Bush dans le cas des accords de Kyoto, Reagan a refusé de signer la Convention sur le droit de la mer, condamnant ainsi le monde à des décennies supplémentaires de pétroliers dangereux, de dumping toxique, de surpêche et d'exploitation des marins à bord de navires naviguant sous des pavillons de complaisance, comme celui du *Liberia*.

50. Une bonne partie de la destruction de l'environnement dans les deux systèmes depuis 1945 est imputable à la course aux armements pendant la guerre froide. Sans cela, les deux pays auraient pu se montrer plus indulgents envers leur écologie (et plus tendres envers les peuples qu'ils dominaient). La déclaration de Engels selon laquelle « la productivité de la terre peut augmenter indéfiniment avec le capital, la main-d'œuvre et la

science » (cité dans Ponting, *Green History*, p. 158) aurait aussi bien pu venir de la bouche d'un capitaliste convaincu. Cet optimisme du XIXe siècle, une époque où le monde naturel était encore vaste et l'impact humain moins d'un cinquantième de ce qu'il est à présent, est à l'origine de l'impasse dans laquelle nous nous trouvons actuellement.

51. On a constaté que les lacs des Rocheuses sont plus contaminés par les pesticides que ne le sont les prairies où se produisent les arrosages. La même chose s'applique aux pôles. Les polluants se répandent dans l'atmosphère et se condensent sous des climats froids et dans la nature « vierge ».

52. Tainter, *Complex Societies*, p. 214. Tainter est un archéologue. On pourrait objecter que ses yeux sont trop fermement fixés sur le rétroviseur. C'est ce que diront les chefs de claque du progrès, car la croyance en un exceptionnalisme moderne – les anciennes règles ne sachant s'appliquer à nous – est la clé de voûte de leur incrédulité face aux limites. Mais un nombre croissant de praticiens des sciences exactes commence à partager les inquiétudes des archéologues, des écologistes et des satiristes.

53. Selon la presse, ce rapport a été commandé par Andrew Marshall, conseiller de longue date du Pentagone (*Globe and Mail*, 24 février 2004, renvoyant à des articles parus dans les revues *Observer* et *Fortune*). Depuis Rio, les années 1990 ont surclassé les années 1980 en tant que décennie la plus chaude, et l'été 2003 en Europe a été le plus torride jamais enregistré.

54. Rees, *Our Final Century*, pp. 8-24. Il ajoute : « Nos choix et nos actions pourraient assurer l'avenir perpétuel de la vie [...]. Ou, au contraire, que ce soit par mauvaise intention ou par mésaventure, la technologie du XXIe siècle pourrait compromettre le potentiel de la vie. » Rees est particulièrement inquiet du potentiel des technologies indésirables, notamment le génie biologique, la nanotechnologie, la cybernétique et certaines expériences « apocalyptiques » aux frontières de la physique. À titre d'astronome, il préconise d'établir dès que possible une petite colonie humaine dans l'espace afin de donner à la vie intelligente une seconde chance si les choses tournent mal. Mais si nous ruinons la terre, sommes-nous intelligents ? Et pourquoi mériterions-nous une seconde chance ?

55. Les sources américaines et soviétiques déclassifiées sur la crise des missiles de Cuba et des déclarations de ceux qui y ont participé nous révèlent que le monde passa bien plus près d'une guerre nucléaire qu'on ne l'a pensé à l'époque. Robert McNamara, alors secrétaire à la Défense, a écrit : « Nous en sommes passés à un cheveu sans le réaliser. » Voir *ibid.*, pp. 25-28.

56. Par suite de règlements judiciaires américains controversés, des entreprises de biotechnologie et d'agrinégoce ont déposé des brevets sur certaines plantes agricoles (et même sur des animaux) dont elles revendiquent la « création ». En réalité, pas un seul aliment nouveau n'a été mis au point à partir d'une plante sauvage depuis les temps préhistoriques. Toute notre science agricole – qu'il s'agisse de croisement sélectif ou de manipulation génétique – n'est que la poursuite de l'œuvre des anciennes civilisations. Certes, la recherche appropriée mérite récompense, mais si nous devons accorder des droits de propriété privée sur des aliments de base anciens, alors les royalties devraient en être versées aux héritiers des vrais inventeurs, pour la plupart de pauvres paysans qui en auraient bien plus besoin que Monsanto. Quoi d'étonnant à ce que les pays pauvres mettent en doute les motifs des pays riches dans la promotion enthousiaste des aliments hybrides et transgéniques qui menacent de contaminer et de détruire la biodiversité des cultures dans l'intérieur des terres agricoles anciennes ?

57. Selon le secrétaire d'État américain Colin Powell, le sida constitue une menace bien plus grave que le terrorisme.

58. Par carence en iode chez la mère pendant la grossesse. Ces chiffres proviennent de l'Initiative pour les micronutriments, Ottawa, et ont été cités par André Picard dans son article « "Hidden Hunger" Weakens Physical, Economic Health », paru dans *Globe and Mail*, 25 mars 2004. Les statistiques sur les victimes de l'eau sont tirées de Ponting, *Green History*, p. 351.

59. Considérant les victimes des deux guerres et de la révolution russe.

60. Nombre de ces politiques ont été élaborées dans le cadre des accords Bretton-Woods de 1944, sous l'influence de John Maynard Keynes. Des formes antérieures de protection sociale étaient déjà en place, notamment la « nouvelle donne » de Franklin Roosevelt. L'époque de l'après-guerre, des années 1950 aux années 1970, a été qualifiée d'« âge d'or » par l'historien Eric Hobsbawm dans sa magistrale analyse du XXe siècle, *The Age of Extremes: A History of the World 1914-1991*, Londres, Michael Joseph, 1994. Margaret MacMillan fait remarquer que la mise en œuvre accélérée du plan Marshall dans l'après-guerre a été stimulée par la menace provenant « d'un seul ennemi évident, [...] l'Union soviétique » (MacMillan, *Paris 1919: Six Months That Changed the World*, New York, Random House, 2001, p. 61).

61. John Kenneth Galbraith dans une conférence au Harvard Club de Toronto, 1994.

62. Surtout depuis le krach de Wall Street en 1929. L'une des meilleures descriptions des conditions de la Grande Crise qui s'est ensuivie se trouve dans James Agee et Walker Evans, *Louons maintenant les grands hommes*, trad. de l'anglais par Jean Queval, Paris, Pocket/Terre humaine poche, 2003. On blâme souvent la sécheresse pour la situation qui a sévi pendant les années 1930 (le « bol de poussière » américain), mais leur gravité et les énormes pertes causées par l'érosion étaient surtout le résultat de mauvaises pratiques agraires dans des milieux inappropriés. Mieux vaut laisser les Grandes Prairies aux bisons, qui pourraient sans doute nous fournir autant de nourriture que nous en obtenons des cultures si des troupeaux sauvages ou à demi sauvages étaient efficacement gérés. Voir notamment Manning, « The Oil We Eat ».

63. Entre 1950 et la fin des années 1970, les mendiants et sans domicile fixe étaient presque inconnus dans les pays industrialisés. La conséquence pratique de la déréglementation a été le retour au darwinisme social – une perversion de la pensée évolutionniste de la fin de l'époque victorienne soutenant que les pauvres sont pauvres parce qu'ils sont inférieurs et que, dans l'intérêt du progrès de la race humaine, il vaut mieux les laisser mourir dans la rue.

64. En 1900, le monde possédait encore des forêts et des zones de pêche intactes, des réserves de pétrole non exploitées, un potentiel hydroélectrique non utilisé et de vastes étendues de terres agricoles en parfait état. La surface de terres agricoles par personne a décliné de 20 % ces dix dernières années. La production est maintenue par des techniques industrielles qui traitent la terre comme un simple médium hydroponique pour les produits chimiques. La nappe phréatique se contamine et s'épuise. Dans son ouvrage publié en 1991, Clive Ponting prenait le Rwanda pour exemple du gouffre séparant les pays du tiers-monde des nations industrialisées, notant que le revenu moyen rwandais est le centième du revenu moyen américain. Trois ans plus tard, un million de Rwandais mouraient dans le pire génocide survenu depuis la Seconde Guerre mondiale – l'équivalent,

en proportion de la population du pays, serait trente-cinq millions de morts aux États-Unis. Il se peut que le XXIe siècle ait commencé au Rwanda plutôt qu'à New York.

65. Rapport des Nations unies du 9 septembre 1998 sur l'indice du développement humain. Pour un sommaire des principaux résultats, voir le *Daily Telegraph* du 10 septembre 1998. Il s'agissait de Bill Gates (Microsoft), Helen Walton (Wal-Mart) et Warren Buffett (investisseur), dont les fortunes respectives s'élevaient à cinquante et un, quarante-huit, et trente-trois milliards de dollars US. Ce rapport estime qu'un enfant qui naît aux États-Unis, en Grande-Bretagne ou en France consommera et polluera dans sa vie plus que ne le feront cinquante enfants de pays pauvres. Il estime aussi qu'en 1998 seulement quarante milliards de dollars auraient suffi pour fournir aux citoyens les plus pauvres du monde la santé, l'éducation, l'eau propre et des installations d'hygiène élémentaires. À lui seul, Bill Gates pourrait se permettre cela, et il lui resterait encore onze milliards de dollars ; il possède aussi plus que l'ensemble des cent millions d'Américains les plus pauvres. D'autres sources indiquent qu'aux États-Unis le ratio entre le salaire d'un P.-D.G. et celui d'un ouvrier spécialisé est monté en flèche, passant de 39 pour 1 à la fin des années 1970 à 1000 pour 1 aujourd'hui. Voir John Ralston Saul, « The Collapse of Globalism », *Harper's*, mars 2004, p. 38, et *La Civilisation inconsciente*, Paris, Payot, 1957.

66. Rapport des Nations unies sur l'indice du développement humain.

67. Il arrive parfois que de « bonnes » politiques environnementales aient l'effet inverse que celui prévu. Des scientifiques brésiliens ont signalé que, rien qu'en 2003, la forêt tropicale de l'Amazonie avait perdu neuf mille trois cents milles carrés (vingt-quatre mille kilomètres carrés). Cette perte est en grande partie attribuable au défrichement de nouvelles terres pour l'élevage des bovins et la culture du soja afin de répondre à la demande croissante (surtout en Europe) d'aliments non modifiés génétiquement (BBC World News, 8 avril 2004).

68. Un état des choses maintenu en grande partie par la publicité faite à la consommation dans toute son indécence.

69. Les déficits astronomiques de George W. Bush paraissent conçus pour mutiler la nation américaine dans tous les domaines, sauf militaire. Si cela continue, cela aura pour résultat de rendre l'Amérique plus semblable à l'Amérique latine, où, dans bien des cas, l'armée est effectivement la seule institution publique.

70. James Watt, parlant en 1981. Comme je l'ai noté ci-dessus, le darwinisme social prétend que les pauvres sont des créatures inférieures et que la meilleure chose pour la race humaine est de les laisser mourir.

71. Le procureur général de Bush, John Ashcroft, a dit : « En Amérique, il n'y a pas de roi sauf Jésus. » Voir Lewis Lapham, « Reading the Mail », *Harper's*, novembre 2003, p. 9.

72. Crosbie, *Ecological Imperialism*, p. 92. Voir Laurie Garrett, *The Coming Plague: Newly Emerging Diseases in a World Out of Balance*, New York, Penguin, 1994, pour un survol des catastrophes médicales potentielles.

BIBLIOGRAPHIE

ADAMS, Robert McCormick, *The Evolution of Urban Society: Early Mesopotamia and Prehispanic Mexico*, Londres, Weidenfeld and Nicholson, 1966.

—, *Heartland of Cities: Surveys of Ancient Settlement and Land Use on the Central Floodplain of the Euphrates*, Chicago, University of Chicago Press, 1981.

AGEE, James et WALKER, Evans, *Louons maintenant les grands hommes*, trad. de l'anglais par Jean Queval, Paris, Pocket/Terre humaine poche, 2003 [1re édition 1972].

ALLCHIN, Bridget et ALLCHIN, Raymond, *The Birth of Indian Civilization*, Harmondsworth (R.-U.), Pelican, 1968.

ALLEY, Richard, *The Two-Mile Time Machine: Ice Cores, Abrupt Climate Change, and Our Future*, Princeton, NJ, Princeton University Press, 2000.

APPENZELLER, Tim, « The End of Cheap Oil », *National Geographic*, juin 2004, pp. 80-109.

ARENS, W., *The Man-Eating Myth: Anthropology and Anthropophagy*, New York, Oxford University Press, 1979.

ATWOOD, Margaret, *La Servante écarlate*, trad. de l'anglais par Sylviane Rué, Paris, Robert Laffont, 2004.

—, *Oryx and Crake*, Toronto, McClelland and Stewart, 2003.

BAHN, Paul et FLENLEY, John, *Easter Island, Earth Island*, Londres, Thames & Hudson, 1992.

BOLIN, Inge, « Our Apus are Dying! Glacial Retreat and Its Consequences for Life in the Andes », communication au congrès de l'American Anthropological Association, Chicago, Illinois, 19 novembre 2003.

BOTTOMORE, T. B. et RUBEL, Maximilien (éd.), *Karl Marx: Selected Writings in Sociology and Social Philosophy*, Harmondsworth (R.-U.), Pelican, 1961.

BRAUDEL, Fernand, *Civilisation matérielle, économie et capitalisme, XVe–XIIIe siècle. Les Structures du quotidien*, Paris, Armand Colin, 2000.

—, *Civilisation matérielle, économie et capitalisme, XVe–XIIIe siècle. Les Jeux de l'échange*, Paris, Armand Colin, 2000.

BRAUN, Barbara, *Pre-Columbian Art and the Post-Columbian World: Ancient American Sources of Modern Art*, New York, Abrams, 1993.

BRODY, Hugh, *The Other Side of Eden: Hunters, Farmers and the Shaping of the World*, Vancouver, Douglas and McIntyre, 2000.

BROTHERSON, Gordon, *Book of the Fourth World: Reading the Native Americas through Their Literature*, Cambridge, Cambridge University Press, 1992.

BUTLER, Samuel, *Erewhon*, 1872 [rééd. Harmondsworth (R.-U.), Penguin, 1970].

CHANG KWANG-CHIH, *Early Chinese Civilization: Anthropological Perspectives*, Cambridge, MA, Harvard University Press, 1976.

CHILDE, Gordon, *New Light on the Most Ancient East*, Londres, Routledge & Kegan Paul, 1954.

—, *What Happened in History*, Harmondsworth (R.-U.), Pelican, 1964.

CHUA, Amy, *World on Fire: How Exporting Free Market Democracy Breeds Ethnic Hatred and Global Instability*, New York, Anchor, 2004.

CLARKE, Peter, *Hope and Glory: Britain, 1900–1990*, Londres, Penguin, 1996.

CLENDINNEN, Inga, *Aztecs: An Interpretation*, Cambridge, Cambridge University Press, 1991.

—, *Reading the Holocaust*, Melbourne, Text, 1998.

COE, Michael D., *The Maya*, Londres, Thames & Hudson, 1987.

—, *Breaking the Maya Code*, Londres, Thames & Hudson, 1992.

COETZEE, J. M., *En attendant les barbares*, trad. de l'anglais par Sophie Mayoux, Paris, Seuil, 1987.

COHEN, Mark Nathan, *The Food Crisis in Prehistory: Overpopulation and the Origins of Agriculture*, New Haven, CN, Yale University Press, 1977.

CONRAD, Geoffrey W. et DEMAREST, Arthur A., *Religion and Empire*, Cambridge, Cambridge University Press, 1984.

CONRAD, Joseph, *L'Agent secret*, trad. de l'anglais par H. D. Havray, Paris, Mercure de France, 1962.

CROSBY, Alfred, *The Columbian Exchange: Biological and Cultural Consequences of 1492*, Westport, CN, Greenwood Press, 1972.

—, *Ecological Imperialism: The Biological Expansion of Europe 900-1900*, Cambridge, Cambridge University Press, 1986.

CULBERT, T. Patrick et RICE, Don S. (éd.), *Precolumbian Population History in the Maya Lowlands*, Albuquerque, University of New Mexico Press, 1990.

DANIEL, Glyn, *The Idea of Prehistory*, Harmondsworth (R.-U.), Pelican, 1962.

DAVIS, Wade, *One River: Explorations and Discoveries in the Amazon Rain Forest*, New York, Simon & Schuster, 1996.

DAWS, Gavan, *A Dream of Islands*, Honolulu, Mutual Publishing, 1980.

DENEVAN, William, « The Pristine Myth: The Landscape of the Americas in 1492 », *in* BUTZER, Karl (éd.), *The Americas Before and After Columbus*, Oxford, Blackwell, 1992.

DES RUISSEAUX, Pierre et AMAYA, Daisy (trad.), *Popol Vuh, le livre du Temps. Histoire sacrée des Mayas quichés*, Montréal, Le Castor astral, 1993.

DIAMOND, Jared, *Guns, Germs and Steel: The Fates of Human Societies*, New York, W. W. Norton, 1997.

DICKENS, Charles, *Les Temps difficiles*, trad. de l'anglais par Andrée Vaillant, Paris, Gallimard, 1956.

DILLEHAY, Tom D. (éd.), *Monte Verde: A Late Pleistocene Settlement in Chile*, Washington DC, Smithsonian Books, 1989.

EDWARDS, Clinton R., « Possibilities of Pre-Columbian Maritime Contacts among New World Civilizations », *in* KELLEY, J. C. et RILEY, C. L. (éd.), *Pre-Columbian Contact within Nuclear America*, Carbondale, Southern Illinois University Press, 1969.

EISELEY, Loren, *The Invisible Pyramid*, New York, Scribner's, 1970.

—, *The Star Thrower*, New York, Harcourt Brace Jovanovich, 1978.

FISHER, W. B., *The Middle East: A Physical, Social and Regional Geography*, Londres, Methuen, 1978.

FLANNERY, Tim, *The Future Eaters: An Ecological History of the Australasian Lands and People*, New York, Braziller, 1995.

FOWLER, Melvin, « A Pre-Columbian Urban Center on the Mississippi », *Scientific American* 23, n° 2, août 1975, pp. 92-101.

FRYE, Northrop, « Humanities in a New World », *in* KLUCKHOHN, Clyde et WIGGLESWORTH, V. B., *Three Lectures by Northrop Frye*, Toronto, Toronto University Press, 1958.

FUKUYAMA, Francis, *La Fin de l'histoire et le dernier homme*, Paris, Flammarion, 1992.

GALEANO, Eduardo, « Did History Lie when it Promised Peace and Progress? », *in* FIELD, Jonathan *et al.*, *Guatemala in Rebellion: Unfinished History*, New York, Grove, 1983.

GARRETT, Laurie, *The Coming Plague: Newly Emerging Diseases in a World Out of Balance*, New York, Penguin, 1994.

GIBBON, Edward, *L'Histoire de la chute et du déclin de l'Empire romain*, trad. de l'anglais par M.-F. Guizot, Paris, Robert Laffont, 2000.

GOETZ, Delia, MORLEY, Sylvanus et RECINOS, Adrián (trad.), *Popol Vuh, The Sacred Book of the Ancient Maya*, Norman, University of Oklahoma, 1992.

GOLDING, William, *Les Héritiers*, trad. de l'anglais par Marie-Lise Marlière, Paris, Gallimard, 1968.

—, *Chris Martin*, trad. de l'anglais par Marie-Lise Marlière, Paris, Gallimard, 1960.

GORST, Martin, *Measuring Eternity: The Search for the Beginning of Time*, New York, Broadway Books, 2001.

GOUDIE, Andrew, *The Human Impact on the Natural Environment*, Oxford, Blackwell, 2000.

GRADY, Wayne, *The Quiet Limit of the World: A Journey to the North Pole to Investigate Global Warming*, Toronto, Macfarlane Walter and Ross, 1997.

HARLAN, Jack R., *Crops and Man*, Madison, WI, American Society of Agronomy, Crop Science Society of America, 1992.

HARTH, Erich, *Dawn of a Millennium: Beyond Evolution and Culture*, Londres, Penguin, 1990.

HEINTZMAN, Andrew et SOLOMON, Evan (éd.), *Fueling the Future: How the Battle Over Energy is Changing Everything*, Toronto, Anansi, 2003.

HEMMING, John, *The Conquest of the Incas*, Harmondsworth (R.-U.), Penguin, 1983.

HENRY, Donald *et al.*, « Human Behavioral Organization in the Middle Paleolithic: Were Neanderthals Different? », *American Anthropologist* 106, n° 1, mars 2004, pp. 17-31.

HEYERDAHL, Thor, « Guara Navigation: Indigenous Sailing off the Andean Coast », *Southwestern Journal of Anthropology* 13, n° 2, 1957.

—, *Sea Routes to Polynesia*, Londres, Allen and Unwin, 1968.

HEYERDAHL, Thor et SKJOLSVOLD, Arne, « Archaeological Evidence of Pre-Spanish Visits to the Galápagos Islands », *Memoirs of the Society for American Archaeology*, n° 12, 1956.

HOBAN, Russell, *Riddley Walker*, Londres, Jonathan Cape, 1980.

HOBSBAWN, Eric, *The Age of Empire, 1875-1914*, New York, Random House, 1987.

—, *The Age of Extremes: A History of the World, 1914-1991*, Londres, Michael Joseph, 1994.

HOMER-DIXON, Thomas, *The Ingenuity Gap: How Can We Solve the Problems of the Future?*, Toronto, Knopf, 2000.

HOSLER, Dorothy, « Ancient West Mexican Metallurgy: South and Central American Origins and West Mexican Transformations », *American Anthropologist* 90, n° 4, 1988, pp. 832-855.

HOWELLS, William, *Mankind in the Making: The Story of Human Evolution*, Londres, Secker and Warburg, 1960.

HUXLEY, Aldous, *Le Meilleur des mondes*, trad. de l'anglais par Jules Castier, Paris, Presses Pocket, 1932.

—, *Beyond the Mexique Bay*, Londres, Paladin, 1984 [1re éd. 1934].

IBSEN, Henrik, *Les Douze Dernières Pièces (Un ennemi du peuple)*, trad. du norvégien par Terje Sinding, Paris, Imprimerie nationale, 2003.

JACOBS, Jane, *The Economy of Cities*, New York, Random House, 1969.

—, *Dark Age Ahead*, Toronto, Random House, 2004.

JAY, Nancy, *Throughout Your Generations Forever: Sacrifice, Religion and Paternity*, Chicago, University of Chicago Press, 1992.

JENNINGS, Francis, *The Invasion of America: Indians, Colonialism and the Cant of Conquest*, New York, W. W. Norton, 1976.

KELLEY, David H., *Deciphering the Maya Script*, Austin, University of Texas, 1976.

KOLATA, Alan, *Tiwanaku and Its Hinterland: Archaeology and Paleoecology of an Andean Civilization*, Washington DC, Smithsonian Books, 1996.

LANNING, Edward, *Peru before the Incas*, Englewood Cliffs, NJ, Prentice-Hall, 1967.

LAPHAM, Lewis, « Reading the Mail », *Harper's*, novembre 2003, pp. 9-11.

LEAKEY, Richard et LEWIN, Roger, *Origins Reconsidered: In Search of What Makes Us Human*, New York, Doubleday, 1992.

LEE, Richard, *The Dobe! Kung*, New York, Holt Rinehart & Winston, 1984.

LESLIE, John, *The End of the World: The Science and Ethics of Human Extinction*, Londres, Routledge, 1998.

LIMERICK, Patricia Nelson, *Something in the Soil: Legacies and Reckonings in the New West*, New York, W. W. Norton, 2000.

LINDQVIST, Sven, *Exterminez toutes ces brutes*, trad. du suédois par Alain Gnaedig, Paris, Le Serpent à plumes, 1998.

LIVINGSTON, John A., *Rogue Primate: An Exploration of Human Domestication*, Toronto, Key Porter, 1994.

LOVELL, W. George, *Conquest and Survival in Colonial Guatemala: A Historical Geography of the Cuchumatán Highlands, 1500-1821*, Montréal, McGill-Queen's University Press, 1992 [2e éd.].

—, *A beauty That Hurts: Life and Death in Guatemala*, Austin, University of Texas Press, 2000.

LOVELL, W. George et LUTZ, Christopher H., *Demography and Empire: A Guide to the Population History of Spanish Central America, 1500-1821*, Boulder, CO, Westview, 1995.

LOVELL, W. George et COOK NOBLE, David, *Secret Judgments of God: Old World Disease in Colonial Spanish America*, Norman, University of Oklahoma Press, 1992.

LYNAS, Mark, *High Tide: News from a Warming World*, Londres, Flamingo, 2004.

MACMILLAN, Margaret, *Paris 1919: Six Months That Changed the World*, New York, Random House, 2001.

MALLOWAN, M. E. L., *Early Mesopotamia and Iran*, Londres, Thames & Hudson, 1965.

MALTHUS, Thomas, *Essai sur le principe de la population*, trad. de l'anglais par le Dr Pierre Theil, Paris, Seghers, 1963 [publication originale en anglais 1798, révisée en 1830 ; publication originale en français 1852].

MANN, Charles, « 1491 », *Atlantic Monthly*, mars 2002, pp. 41-53.

MANNING, Richard, « The Oil We Eat », *Harper's*, février 2004, pp. 37-45.

MARTIN, Paul S., « Prehistoric Overkill: The Global Model », *in* MARTIN, Paul S. et KLEIN, Richard G. (éd.), *Quaternary Extinctions: A Prehistoric Revolution*, Tucson, University of Arizona Press, 1984.

MARX, Karl, *La Misère de la philosophie. Réponse à la « Philosophie de la misère » de M. Proudhon*, Paris, Union générale d'édition, 1964.

MCKIBBEN, Bill, *The End of Nature*, New York, Random House, 1989.

MCNEILL, William H., *Plagues and Peoples*, New York, Anchor, 1976.

MELLAART, James, *Earliest Civilizations of the Near East*, Londres, Thames & Hudson, 1965.

—, *Çatal Hüyük: A Neolithic Town in Anatolia*, Londres, Thames & Hudson, 1967.

MENCHÚ, Rigoberta, *Moi, Rigoberta Menchú : une vie et une voix. La révolution au Guatemala*, propos recueillis par Elizabeth Burgos, trad. de l'espagnol par Michèle Goldstein, Paris, Gallimard, 1993.

MILLONES, Luis, « The Time of the Inca: The Colonial Indians'Quest », *Antiquity*, n° 66, 1992, pp. 204-216.

MITCHELL, Alanna, *Dancing at the Dead Sea: Tracking the World's Environment Hotspots*, Toronto, Key Porter, 2004.

MITCHELL, Timothy, « The Object of Development: America's Egypt », *in* CRUSH, Jonathan (éd.), *The Power of Development*, Londres, Routledge, 1995.

MITTELSTAEDT, Martin, « Some Like It Hot », *Globe and Mail*, 17 avril 2004.

—, « The Larder is Almost Bare », *Globe and Mail*, 22 mai 2004.

Moseley, Michael E., *The Incas and Their Ancestors: The Archaeology of Peru*, Londres, Thames & Hudson, 1992.

Mowat, Farley, *Sea of Slaughter*, Toronto, McClelland & Stewart, 1984.

National Research Council, *Lost Crops of the Incas*, Washington DC, National Academy Press, 1989.

Newhouse, John, *Imperial America: The Bush Assault on the World Order*, New York, Knopf, 2003.

Niniforuk, Andrew, *The Fourth Horseman: A Short History of Epidemics, Plagues, Famine and Other Scourges*, Toronto, Viking, 1991.

Oppenheim, A. Leo, *Ancient Mesopotamia: Portrait of a Dead Civilization*, Chicago, Chicago University Press, 1977 [éd. revue].

Orliac, Catherine et Orliac, Michel, *Des dieux regardent les étoiles. Les Derniers Secrets de l'île de Pâques*, Gallimard, « Découvertes », Paris, 1988.

Orwell, George, *1984*, trad. de l'anglais par Amélie Audiberti, Paris, Gallimard, 2002.

Ovide, *Amours*, trad. du latin et présenté par André Daviault et Philippe Heuzé, Paris, Payot et Rivages, 1996.

Pardo, Luis A. (éd.), *Saqsaywaman*, n° 1, juillet 1979, p. 144.

Pizarro, Pedro, *Relación del Descrubimiento y Conquista de los Reinos del Perú* (1571), éd. par Guillermo Lohmann Villena, Lima, Universidad Catolica, 1986.

Pollard, Sidney, *The Idea of Progress: History and Society*, Londres, C. A. Watts, 1968.

Ponting, Clive, *A Green History of the World: The Environment and the Collapse of Great Civilizations*, Londres, Sinclair-Stevenson, 1991.

Redman, Charles, *Human Impact on Ancient Environments*, Tucson, University of Arizona Press, 1999.

REES, Martin, *Our Final Century*, Londres, William Heinemann/Random House, 2003 [publié en Amérique du Nord sous le titre *Our Final Hour*].

ROGGEVEEN, Jacob, *The Journal of Jacob Roggeveen*, trad. et revu par Andrew Sharp, Oxford, Clarendon Press, 1970.

ROUTLEDGE, Katherine S., *The Mystery of Easter Island*, Londres, Sifton, Praed & Co, 1919.

SAFDIE, Moshe, *The City after the Automobile: An Architect's Vision*, Toronto, Stoddart, 1997.

SAFINA, Carl, *Song for the Blue Ocean: Encounter along the World's Coasts and beneath the Seas*, New York, Henry Holt/John Macrae, 1997.

SAHLINS, Marshall David, *Stone Age Economics*, Londres, Tavistock Publications, 1972.

SANDARS, N. K., *L'Épopée de Gilgamesh*, trad. et présentée par Hubert Comte, Paris, Les Éditeurs français réunis, 1975.

SAUL, John Ralston, *La Civilisation inconsciente*, trad. de l'anglais par Sylviane Lamoine, Paris, Payot, 1957.

—, « The Collapse of Globalism », *Harper's*, mars 2004, pp. 33-43.

SCARRE, Chris, *Grand Atlas de l'archéologie*, trad. de l'anglais par Denis-Armand Canal, Paris, Larousse, 1990.

SCHELE, Linda et FREIDEL, David, *A Forest of Kings: The Untold Story of the Ancient Maya*, New York, Morrow, 1990.

SCHUMACHER, E. F., *Small is Beautiful: A Study of Economics as if People Mattered*, Londres, Abacus, 1973.

SHARER, Robert J., *The Ancient Maya*, Stanford CA, Stanford University Press, 1994.

STANISH, Charles, *Ancient Titicaca: The Evolution of Complex Society in Southern Peru and Northern Bolivia*, Berkeley, CA, University of California Press, 2003.

STEADMAN, David, « Prehistoric Extinctions of Pacific Island Birds », *Science*, n° 267, février 1995, pp. 1123-1131.

STRINGER, Christopher et MCKIE, Robin, *African Exodus: The Origins of Modern Humanity*, New York, Henry Holt/John Macrae, 1997.

TAINTER, Joseph A., *The Collapse of Complex Societies*, Cambridge, Cambridge University Press, 1988.

TATTERSALL, Ian, *The Last Neanderthal: The Rise, Success, and Mysterious Extinction of Our Closest Human Relatives*, New York, Westview Press, 1999.

TEDLOCK, Barbara, *Time and the Highland Maya*, Albuquerque, University of New Mexico Press, 1982.

THOMPSON, J. Eric S., *The Rise and Fall of Maya Civilization*, Londres, Pimlico, 1993 [1re éd. 1954].

—, *Maya Hieroglyphic Writing*, Norman, University of Oklahoma Press, 1971.

THOREAU, Henry David, *Walden ou la Vie dans les bois*, trad. de l'anglais par G. Landré-Augier, Paris, Aubier-Montaigne, 1967.

TRIGGER, Bruce, *Early Civilizations: Ancient Egypt in Context*, Le Caire, American University in Cairo Press, 1993.

TRINKAUS, Erik et SHIPMAN, Pat, *The Neanderthals: Changing the Image of Mankind*, New York, Knopf, 1993.

TUDGE, Colin, *So Shall We Reap*, Londres, Allen Lane, 2003.

VIOLA, Herman et MARGOLIS, Carolyn (éd.), *Seeds of Change: A Quincentennial Commemoration*, Washington DC, Smithsonian Institution Press, 1991.

WALDMAN, Carl, *Atlas of the North American Indian*, New York, Facts on File, 1985.

WATSON, William, *China*, Londres, Thames & Hudson, 1961.

WEATHERFORD, Jack, *Ce que nous devons aux Indiens d'Amérique et comment ils ont transformé le monde*, trad. de l'américain par Manuel Van Thieren, Paris, Albin Michel, 1993.

—, *Native Roots; How the Indians Enriched America*, New York, Crown, 1991.

WEBSTER, David, *The Fall of the Ancient Maya; Solving the Mystery of the Maya Collapse*, Londres, Thames & Hudson, 2002.

WELLS, H. G. « The Grizzly Folk », in *Selected Short Stories*, Londres, Penguin, 1958.

WELLS, H. G., HUXLEY, Julian et WELLS, G. P., *The Science of Life*, New York, Doubleday, 1929.

WENKE, Robert J., *Patterns in Prehistory*, Oxford, Oxford University Press, 1980.

WHEATLEY, Paul, *The Pivot of the Four Quarters: A Preliminary Enquiry into the Origins and Character of the Ancient Chinese City*, Edinburgh, Edinburgh University Press, 1971.

WHITE, Lynn, « The Historical Roots of Our Ecologic Crisis », *Science* 155, n° 3767, mars 1967, pp. 1203-1207.

WILSON, J. A., « Egypt through the New Kingdom: Civilization without Cities », *in* KRAELING, C. H. et MCCORMICK ADAMS, Robert (éd.), *City Invincible*, Chicago, University of Chicago Press, 1960.

WRIGHT, Ronald, *Time among the Maya*, Londres, Bodley Head, 1989.

—, *Stolen Continents: Conquest and Resistance in the Americas*, Boston, Houghton Mifflin, 1992.

—, *A Scientific Romance*, Londres, Anchor, 1997.

—, « Civilization is a Pyramid Scheme », *Globe and Mail*, 5 août 2000.

—, « All Hooked Up to Monkey Brains », *Times Literary Supplement*, 16 mai 2003.

WYNDHAM, John, *The Day of the Triffids*, Londres, Michael Joseph, 1951.

—, *The Chrysalids*, Londres, Michael Joseph, 1955.

Ronald Wright est né en Angleterre où il a grandi et étudié l'archéologie à l'université de Cambridge. Il vit aujourd'hui au Canada, en Colombie-Britannique. Romancier, historien, essayiste, il a vu tous ses livres couronnés par de nombreuses récompenses et traduits dans plusieurs langues. Son roman *La Sagaie d'Henderson* a été publié chez Actes Sud.

Dans la collection naïve débats

RÉVOLTE CONSOMMÉE
LE MYTHE DE LA CONTRE-CULTURE
Joseph Heath et Andrew Potter

« Dans ce livre, nous avançons l'idée que si des décennies de rébellion contre-culturelle n'ont rien changé, c'est parce que la théorie de la société sur laquelle repose l'idée contre-culturelle est fausse. »

Joseph Heath et Andrew Potter proposent une analyse à la fois précise et passionnante des mouvements culturels de la société de consommation de ces trente dernières années, mouvements qui se veulent radicaux et rejettent en bloc le système et par conséquent, la participation à la démocratie politique.
De la naissance de la contre-culture à son institutionnalisation, les deux essayistes mettent à nu les mécanismes de récupération par le capitalisme de ces mouvements anticonsommation dont l'émergence a eu pour résultat de créer de nouveaux marchés et de renforcer le système, au lieu de combattre ses perversions et ses excès.
À la fois histoire de la *pop culture*, manifeste politique et analyse sociale, cet essai propose un vrai débat, s'amuse à remettre en question les personnalités les plus médiatiques de la contre-culture (Michael Moore, Naomi Klein ...) mais surtout, invite le lecteur à trouver de nouvelles pistes de réflexion.

Traduit de l'anglais (Canada) par Michel Saint-Germain et Élise de Bellefeuille

Cet ouvrage a été composé par
IGS-CP à L'Isle-d'Espagnac (16)
Imprimé en France par Hérissey (Évreux) en janvier 2006 - N° 100969